生活勵志
044

定義自己，我就是這樣的人

最貼近人性的心靈作家　何權峰◎著

高寶書版集團

生活勵志
生活勵志　044
定義自己，我就是這樣的人

作　　者：何權峰
編　　輯：余純菁
出 版 者：英屬維京群島商高寶國際有限公司台灣分公司
Global Group Holdings, Ltd.
聯絡地址：台北市內湖區洲子街88號3樓
網　　址：gobooks.com.tw
電　　話：(02) 2799-2788
電　　傳：出版部(02) 2799-0909　行銷部 (02) 2799-3088
郵政劃撥：19394552
戶　　名：英屬維京群島商高寶國際有限公司台灣分公司
初版日期：2011年5月
發　　行：希代多媒體書版股份有限公司 / Printed in Taiwan

國家圖書館出版品預行編目資料

定義自己，我就是這樣的人/ 何權峰 著
-- 初版. - 臺北市：高寶國際出版,
希代多媒體發行, 2011.5
面；　公分. — (生活勵志 ；HL044)

ISBN 978-986-185-595-0(平裝)
1. 修身　2. 生活指導

192.1　　100007760

〈自序〉

定義自己，我就是這樣的人

何權峰

你能跑你能追，你能攀爬你能飛，重要的是：別忘了你是誰。

——《牧羊少年奇幻之旅》

你或許已經發現，人世多變，人更善變。有人今天答應你某件事，隔天就反悔；今天說你好話的人，明天可能在背後說你壞話；你對某人推心置腹，他卻恩將仇報；你努力盡責沒得到好評，卑鄙的小人卻得志……。

這時候你當然很氣。你也知道要寬大為懷、要正面思考，但就是做不到，對嗎？

因為你並沒有變。如果沒有拋掉憤怒，你怎麼能夠拋掉怨恨？如果你感到憤憤不平，你怎麼可能不生氣？它們都在你裡面。

你或許讀了一本書、聽到某人說、或是信了某個教，然後下定決心改變。你說：「從今以後我不再生氣了。」但你在說什麼呢？如果你的想法沒有改變，你的情緒怎麼可能改變，它們是相連的，如果你還是你，你怎麼可能不再生氣？

你的不平、嫉妒、怨恨、挫敗、痛苦，就像一棵樹的枝葉。修剪枝葉是沒用的，新的枝葉會長出來，你必須找到它的根。

印度南方有座聖山叫作阿魯那加那，山腳下的小鎮提魯凡那米利，住著一位智者名叫雷馬納‧馬哈西（Ramana Maharshi），追隨他的人都稱他雷馬納大師。他只教導眾人一個非常簡單的開悟方法——時時刻刻問自己：「我是誰？」

很多想得到啟悟的信徒跑來找大師。

煩惱的人、鬱悶的人、痛苦的人，成千上萬的虔誠信徒，不遠千里跑來找雷馬納大師，只為了能親耳聆聽他的智慧之言。

大師給了每個人相同的祕方，他告訴眾人：「你們先仔細思考一個問題：『我是誰？』一旦你們知道自己是誰，生命中的每個難題就能迎刃而解。如果你忘了自己是誰，那麼生活永遠是個問題。」

你的生活有什麼問題？情緒問題、人際問題、金錢問題、工作問題，還是感情問題？其實你只有一個問題，那就是忘了「我是誰」。

早在二千多年前，從蘇格拉底到今天，你已經聽了許多「認識你自己」，但你知道自己嗎？

「知道我是誰」是最重要的，那是我們的根。樹的根部留在地底下，你看不見它，但它影響每一件事，它影響樹枝、樹葉、果實。你所有的問題也一樣，都來自你是誰。

是的。

人生所有的問題都來自你是誰，

你是誰將決定你會做什麼，

你做什麼將決定你會有什麼。

因此你可以藉此重新定位自己。定義自己就像一棵扎根很深的樹木，可以讓你站穩腳跟，屹立不搖。否則在這多變的人世間，你的心緒必然跟著起起落落，搖擺不定。

目錄 *CONTENTS*

目錄 CONTENTS

你是怎麼成為現在的樣子？

——你對自己的意象是什麼，就會有怎麼樣的表現。

我們都是從一顆比逗點還要微小的細胞成長出來的。想一想，一顆比逗點還要微小的細胞或種子，竟然變成了我們的形體，是不是很神奇？

那是因為細胞裡，具有一個關於你的「形象」，於是你發育成長，最後變成了那個形體，變成了你的模樣。

現在的你，也是從你對自己的意象而來。意象是什麼？它是你腦中特有的畫面，在畫面中你對自己有個形象，那個形象將決定你說什麼、做什麼、有什麼，以及你是誰。

「你就是你認為的你（You are what you think you are）。」

心理學家已證實，人會依最符合自我形象的模式來行動。如果你認為自己是和善的人，你就會待人和善、做事隨和；如果你認為自己是正直的，你就會表現得公平、有正義感；如果你認為自己不是好惹的，那麼當有人惹毛了你，你就不會善罷干休。

你可能看過有些人，在家人面前常亂發脾氣、不負責任，卻對同事很客氣，而且工作盡責，那是因為他們在同事面前有不同的形象。

有人和另一半起爭執，吵得面紅耳赤，但如果這時電話響起，一接起來，他就會突然變得輕聲細語，甚至談笑風生。這是怎麼回事？沒錯，因為形象不同，表現就不同。

人很難改變，夫妻關係、家庭關係難以改變，原因也在這裡，因為形象沒變，所以即使有時想改變，往往也是「幾分鐘」熱度而已，很快就會「原形畢露」。

諷刺的是，大多數人對自己的意象都來自別人，你的父母、親友、同事或配偶如何看待你。你在心中就依此描繪出自畫像。

「我的頭腦不好」、「我脾氣不好」、「我沒有人愛」、「我個性太軟弱」、「我很堅持原則」、「我這個人就是這樣、那樣」……。不管你在「我」的後面加了什麼，這幅畫像即是自我意象。

每個人都有一幅自畫像；你對自己的意象是什麼，就會有怎麼樣的表現，就會成為怎麼樣的人。

然而問題在於，你喜歡那幅自畫像嗎？如果不喜歡為什麼不重畫一張？

人們總是會在行為中複製自己的自我形象。
——美國洛杉磯水晶大教堂創建人，羅伯特・舒勒

現在的我是什麼樣的人？

——當你越清楚自己是什麼樣的人，就越清楚該做什麼樣的事。

如果你剖析一幅畫，你會發現它是由畫布和顏料組成的，但一張畫並非只是畫布和顏料的總合，最重要的是把它畫出來的藝術家。

就像一株參天巨木，它是來自哪裡呢？其實，它長得再高、枝葉展得再廣、生成的年代再久、周邊土壤再肥沃，如果沒有最初的那顆種子，一切都不可能開始。

人要成為什麼，也必須先有願景；有了目標才能把願望實現。

你有什麼願景嗎？親愛的朋友，你對自己最好的意象是什麼？什麼是你最想成為的樣子？

你可以拿出一張小卡片，上面寫著：「我想成為這樣的人。」或是「我是誰？」然後將你希望成為的樣子寫下來。舉例來說：

自信、真誠、謙恭、健康、浪漫、風趣、紳士、淑女；有內涵、有能力、有氣度、有遠見、有愛心，或是舉止端莊、才華洋溢、熱情開朗、信守承諾、值得信賴、非常富有……。

將這張卡片放在桌前、床邊或裝在皮夾裡，並且時時提醒自己；走路去上班、排隊等候或洗盤子時，低聲重複念誦。

法國哲學家尚・保羅・沙特（Jean-Paul Sartre）曾經說過，所謂的人，就是他自己想成為的樣子。

沙特說：「唯有願景，才是『我是誰』的正確答案。」

當然，願景並不是只要描繪未來就可以了。如果單是想像，那只是沉浸於幻想罷了。一旦設定好目標，就要問自己這句話：「為了成為這樣的人，我必須有什麼樣的表現？」

如果你是「自信」的人，你該怎麼辦？你可以問自己：「如果我很有自信，我會怎麼做？」

如果你是「慈善」的人，你可以問自己：「如果我是善良、友愛的人，我會說出怎樣的話？我會怎麼做？」

「如果我是紳士，我會有怎麼樣的言行？」、「如果我是有能力的人，我會有怎麼樣的表現？」、「如果我是有氣度的人，我會怎麼做？」依此類推。

前陣子，有人在背後說了些莫須有的事，造成同事對我的誤解，當我得知後原本也很氣，想還以顏色，後來我問自己：「現在的我是什麼樣的人？」

「我是受害者？」這種感覺很無能，也不符合我的本性；「我是報復的人？」這種感覺格局太小，而且就算打擊他，也無法提升我。於是我嘗試：「我是有氣度的人。」對！我喜歡這樣的自己。

所以，接下來我要問的就是：「為了成為這樣的人，我必須是什麼樣子？」

「我是有氣度的人」自然就不會去想報復的事，心情也就平靜了下來。接著我又為自己增加了「我是慈善的人」的意象，於是我不但向同事解釋道歉，還對傳話的人表示謝意。沒想到，事情有了很大的變化，現在的我和他們不但成為朋友，而且他們還推舉我籌備新院，推薦的理由是：「我是個有遠見的人。」

我發現越是清楚自己想要成為什麼樣的人，就越清楚該做什麼樣的事。

我「是」什麼樣的人，這樣的聲明極具力量。人的行為和意象有「一致性」的特質，當我們宣告「我是誰」，我們的思、言、行都會配合那個願景，也就「真的」成為那樣的人。

引自猶太人的格言：「人出生時不過是原料，用這原料造出何種人是自己的責任。」就像一張空白畫布，你可以畫上凶神惡煞，也可以畫上慈眉善目。

你所有的行為都是從你認為自己是誰、選擇自己是誰而產生，了解這點非常重要。你喜歡怎樣的自己，由你決定。

告訴我你想要什麼，我就可以說出你是一個什麼樣的人。

——俄國劇作家，契可夫（Chekha）

這難道不是你自己選擇的嗎？

——你怎麼鋪床，就須怎麼睡。

有時，一個看似簡單的選擇，像是選一份工作、一個對象或一個裝扮。其實，你選的不止是一份工作、一個對象或一個裝扮，你選的是——「你是誰」。

比方說，你選了某種髮型、衣著、裝飾，你會選擇的一定是你喜歡或是你想要呈現的樣子，對嗎？

你選了某個工作，為什麼？是為了興趣、專長、前途、公司制度，還是為了錢？

你選擇了結婚對象，是因為對方富有、真誠、包容、負責、美麗迷人或你喜歡的任何特點，為什麼？

選擇，是界定自己的過程。你的選擇永遠反映你的欲望和價值觀；你的選擇透露出你想要什麼以及你是誰。

許多人抱怨工作無趣、上司同事難相處、看不到前途，然而這工作難道不是你選擇的嗎？如果你選這份工作是為了錢，請記住，你任何時候都可以自由地選擇別的賺錢方法。

就算真的不得已接受這份工作，你還是可以選擇自己的心態，因為同一個職場，也可能因為你的心態不同，而得到完全不同的體驗。

選擇伴侶也一樣，當然，我們都喜歡迷人又有錢的對象，但對方是負責任的人嗎？能跟你談心嗎？有你重視的美德嗎？我不是說錢和外貌不重要，但你要結婚的對象並不是錢，而外貌也會隨歲月而凋零。如果你看上的是這些，結果「貌合神離」，到時候就別怨人，因為這是你的選擇。

每個人都有選擇的自由，也都要為自己的選擇負責。

在學校，常看到有些學生穿著暴露或奇裝異服，他們或許只是想引人注意，但我總會提醒他們：你選擇什麼，你就是什麼樣的人。老在外貌下功夫，吸引來的多半也是「以貌取人」的人。事情就是這樣，你選擇怎麼表現，人們就從你的表現來認識你。

著名演說家金克拉曾說，在美國，任何人都有權決定梳個粉紅色龐克頭、戴羽毛耳環，並且口出穢言。但是，同樣的，每個老闆也都有權不僱用這樣的員工。雖然這樣的人用自己證明，每個人都可以有自己的品味，但他們也讓自己失去九成以上的工作機會。

引用美國俚語：你怎麼鋪床，就須怎麼睡（As you make your bed, so you must lie in it.）。如果你將床鋪得一團糟，也許你會徹夜不得安眠，而你只能責怪你自己。

你現在的人生，是過去的選擇累積而成的。一旦你做出選擇，人生就繞著這個選擇運作。

你選擇說什麼。
你選擇做什麼。
你選擇的信念。
你選擇的態度。
你選擇的立場。
你選擇怎麼反應。
你選擇跟誰在一起。
你選擇專注的目標。
你選擇做怎樣的人。
你選擇了什麼，就是什麼樣的人。
如果你能專心思索自己的選擇，就不會老是疑惑生活怎麼會被自己弄成這副模樣。「為什麼沒有人看重我？」、「為什麼會感情不合？」、「為什麼受制於那個爛老闆？」、「為什麼我會遇到這樣的事？」一旦從自己的選擇裡有了這分領悟，你就懂得負起責任。

決定我們是誰的，不是我們的能力，而是我們的選擇。

——《哈利波特》中的鄧不利多校長

為什麼做任何事都不順？

——如果你不斷訴說事情一定會變糟，就有機會成為預言家。

每次我問一些對生活不滿的人，究竟他們的生活出了什麼問題，他們總會抱怨一堆。但我知道，這些抱怨只是他們內在思考模式的外在展現。

我們到底是什麼樣的人，全視我們的思想而定；如果心中懷有貪婪、邪惡的思想，無疑我們就會變得貪婪、邪惡；如果我們認為身體有毛病，很可能真的就會生病；如果我們不斷訴說事情一定會變糟，就有機會成為預言家。

就像磁鐵，我們的思想具有吸引力。如果我們常朝向積極、樂觀、正面的方向思考，就會變成一個積極、快樂的人，也會吸引其他正面的人事物。如果我們滿腦子負面思想，整個態度、行為也會變得消沉，吸引來的往往也是負面的人事物。

也許有人會說：「但這就是我的生活，這些都是事實啊！」會這麼說表示你還沒了解，你所有的生活體驗，包含你認為的事實，其實都來自你的想法。

舉例來說，你跟某個朋友約好下午三點在咖啡廳碰面。結果他到三點半還沒出現，這時你會有何感想？

你也許會生氣，心想：「搞什麼鬼，跟別人約會還遲到，真是不守信，難道不知道我的時間寶貴？他根本不重視我，才會到現在還沒來。」

或者你會想入非非，懷疑他是故意的，「說不定他是擺架子，故意讓我等！」你也有可能會懷疑自己，「難道是我記錯時間？還是跑錯餐廳？」再不然，你可能會開始擔心，「他會不會發生什麼意外？」這時，你還會生氣嗎？

你的想法決定你的詮釋，你的詮釋決定你的感受和現實，不是嗎？

我們都認識一些不如意的人，如果你仔細聽他們說話，你就會知道其中的原因——他們的思想毫無建設性，盡說些「我做得不好」、「我運氣很背」、「別人都不支持我，不重視我」、「他們吃定我，老愛找我麻煩」、「我做任何事都不順」……之類的話，那當然做什麼事都不會順。

思考和語言會創造出我們的經驗。當我聽人說話時，很容易了解到，為何他們會有這些問題。我們內心的想法會透過言語表達出來，你的思想負面，就會創造負面的經驗。

我認識一位朋友，他從大學畢業後，就一直在某家公司上班。然而就在幾個月前，他透過一些小道消息，得知自己的公司很快就要被一家大公司接收，他擔心自己會丟掉飯碗，他認為新來的老板會用自己的心腹替換掉他。

他開始討厭他的工作，而且逢人就大吐苦水。當新公司派代表來接管時，他雖刻意表現得「盡忠職守」，但幾個月後，公司縮編，他還是被解僱了。

他做錯了什麼嗎？沒有，他什麼也沒做。但他的負面思想創造了這個結果。

你應該聽過哲學家赫拉克立特的名言：個性即命運。或許有人會抗議：「胡說！我是因為遭遇這樣的命運，才變成這樣的個性的。」到底誰說得對？

其實，兩者都對。我們的人生經驗會形成我們的人生觀，我們的人生觀也會創造我們的人生經驗。

我想起許多年前，一位在耶魯大學任教的同學送我一本書，他在裡面寫了一段話對我助益良多：

要看看，看看你的念頭，因為念頭會構成思想；
要看看，看看你的思想，因為思想會構成語言；
要看看，看看你的語言，因為語言會構成行為；
要看看，看看你的行為，因為行為會構成命運。
記住，你就是那個用想法來決定自己的言行、命運和每一天的人。

我們的每一個念頭都像水滴，當你一次又一次抱持同樣的想法，它們就由水滴匯聚成河。大多數人可能會習慣性地重複某個相同的想法，只因為太熟悉這個想法，以至於沒發現原來人生是自己「想出來」的。

「一個人不過是他想法的產物。」甘地在他的書上寫道，「一個人會變成他所想的樣子。」

美國哲學家愛默生也說過：「一個人整天想著什麼，就會變成什麼樣的人。」沒錯，你是什麼樣的人，就有什麼樣的人生。

這個世界對悲慘的人來說才是悲慘的，對空虛的人來說才是空虛的。

——德國哲學家，叔本華

我有哪裡得罪他嗎？

——你不是在定義他人，而是在定義自己。

有一次我在火車站搭計程車，車子前面站著一個年輕人等著過馬路。計程車司機急著要開走，按喇叭示意年輕人讓開，年輕人回瞪了一眼後動也不動。

「搞什麼！」司機罵了一聲，煞車油門一起踩，彷彿要直衝過去。年輕人陰沉著臉移開，但用拳頭打了車一下。當然，這讓司機更加惱怒。

一路上，司機餘怒未消地對我說：「現在的年輕人很沒教養，真是欠人教訓！」

為了別人的無禮（無理）而生氣是人之常情。憤怒的人常會在內心演繹一套言之有理的獨白，最後發展成發洩怒氣的合理藉口。然而就像那個年輕人和司機一樣，當我們以憤怒回應時，自己真的就有禮（有理）嗎？

我說過，人的行為是內在自我意象的外在展現，不論別人做出什麼行為，他們都只是把自己的本性表現出來而已，即使對象是你，也並非對你有意見、衝著你來。

如果有人在你背後說你閒話，你不必太在意，再觀察一段時間，你將發現他一樣會講別人壞話；如果某人吹毛求疵、尖酸刻薄，你應該同情他，因為他也這樣虐待親人和折磨自己；如果有人氣急敗壞，想必有不順心的事煩擾他，你又何必陪他一起不順心呢？

人的行為反映出他們內心的狀況，就算他們的行為不對，那也是他們要為自己負責的。別人的思想無法影響你，除非你心裡掛念著他人的想法。當你在意別人的想法，他的想法就會變成你的想法。別人的言行無法影響你，除非你自願受他人影響。你厭惡對方的行為，卻屈服於自己的敵意，決定「以牙還牙」，做出一樣的行為，那你們又有什麼不同？

我們常忘了「我是誰」。當你評論他人時，你不是在定義他人，你是在定義自己。

如果你認為德蕾莎修女偉大，那會使你偉大。德蕾莎修女本來就是偉大的，你的話對她不會有任何影響。但你怎麼說別人，就顯示你是什麼樣的人；如果你說某人很善良，那表示你也善良；你常稱讚別人，表示你也有值得稱讚的地方。

反過來說，如果你口出惡言，說別人沒教養、沒水準，那你就有教養嗎？那只證明你跟他的水準一樣，不是嗎？

別人怎麼說你都不重要，重要的是你知道自己是怎樣的人，那就夠了！如果你人品好，有人批評你，只表示那個人沒品。

人不是控制，就是被控制。你的選擇永遠都是表現「我是誰」的機會。

好比說，你的朋友總是批評你，而你總以難過或生氣來回應。如果你能改變回應方式，你就不再被別人控制，你便成為自己的主人。

下次試試看，當你想要大吼大叫時，用微笑代替，你會有意想不到的收穫。當你選擇微笑，你就從別人身上拿回自己情緒的主控權。

以前我有一個同事是情緒暴力的達人，在醫院已不是什麼祕密了。雖然我大可跟其他人一樣，以其人之道，還治其人之身。但他的行為是我「不認同」的，所以我決定採取一個完全不同的做法，我選擇用微笑回應。如此，不但拿回了情緒主控權，也顯示了我們之間的差異。

全世界只有一個人能決定你的心情，那就是你自己，因為「你」是自我內在唯一的思考者；是你自己創造了一切經驗和事實。當你的心靈處在平靜和諧的狀態時，就能明白。

你的力量並非來自改變他人，而是改變自己對他人行為的反應。你控制不了別人，卻完全可以控制自己的情緒反應。沒錯，除非你也失控了。

人在煩躁不安的時候，往往會把別人也惹得煩躁不安。

——法國作家，羅曼‧羅蘭

這樣又怎麼可能自在？

——不要問該「做」什麼，要知道你「是」什麼。

不久之前我到一個朋友家拜訪，他的兒子問我：「你教人怎麼做人處事，是不是你就沒有敵人？」

「當然有！」我說，「誰沒有呢？這世上每一個人，無論他多麼偉大、多麼神聖，都有敵人，都會有人不喜歡他，甚至討厭他，即使佛陀、耶穌也不例外。」

這位當副理的兒子向我解釋說：「我需要有人教我怎麼做，我老闆老是對我頤指氣使，同事也不配合，加上一些員工對我的處置又不苟同，我實在不曉得該怎麼做？」

「沒有人能讓所有人滿意。」我以自己當主管的經驗告訴他，「如果我隨和，別人就說我沒主見；如果我堅持己見，別人又會說我太霸道、太自大。」

我想起《法句經》有段話：「有個人一向緘默，人們議論他；另一個人很多話，人們也議論他；還有另一個人話不多，人們照樣議論他。世上沒有人能逃避議論與責難。」

所以佛陀才教導世人要「觀自在」。只有觀看自己、知道自己，才能活得自在。可惜人們總習慣看向別人，若對自己有什麼評論，就捕風捉影，心裡七上八下，這樣又怎麼可能自在？

我們應該向內觀看自己——別人認為你正不正直並不重要，重要的是你認為自己正不正直；別人認為你有沒有盡力並不重要，重要的是你知道自己有沒有盡力。人的行為舉止應受制於正確的價值觀，而非他人的作為和反應。

我自己也曾被汙衊過，當時我既憤慨又震驚。我自知有理，但對方卻扭曲真相，我很在意，恨不得向全天下廣播，說明真相。後來我領悟到，了解我、愛護我的人會明白事實真相，而討厭我的人根本不在乎真相是什麼。

莫札特是對的，他說：「我不管人家怎麼說，我只跟隨自己的感覺。」有人背後中傷你，你義憤填膺，但是當怨恨傷害你的時候，你所恨的人卻毫髮未傷，甚至毫不知情，這又何苦？

嘴巴長在別人臉上，別人要怎麼樣你管不了，你覺得自己怎麼樣，才是重點。

當蘇格拉底因為倡導新觀念而被羅馬法庭判死刑時，他的姊姊哭道：「他們怎麼可以這樣對你？你又沒有做錯任何事！」

蘇格拉底平靜地回道：「難道妳希望我真的做錯什麼事嗎？」

這就是蘇格拉底，他知道自己「是」什麼，比別人「做」什麼重要得多。

人們常會問：「我該怎麼做？」許多人都想知道什麼是他們應該「做」的。這話其實問得有點多餘。你沒發現嗎？有時你怎麼做都不對、都裡外不是人？因為不管我們「怎麼做」，別人都會有意見。

讓我把這個「做人處事」的原則簡化為一句話：不要問該「做」什麼，要知道你「是」什麼，你自然就會明白「該怎麼做」。

我們不應該因為有人在看，就認真地表現；你全力以赴去做事，因為你「是」負責盡職的人。

我們不應該因為怕別人說什麼，就有不同的表現；你會去做正確的事，因為你「是」正直的人。

同樣的，不要因為被誤解或被批評、責難，就做任何不像是「你」的事，你要堅持自己該做的事。人們也許待你不公，但你不是為他們而做，你是為自己而做。

是的，永遠要觀看自己——只要問心無愧，就是最大的自在。

你不需要任何人告訴你，你是誰或你是怎樣的人。你就是你！

——英國音樂家，約翰・藍儂

我已經盡力了嗎？

——只要竭盡全力，結果就交給上帝。

人常以結果論事情，但我更重視過程。

拿這次期中考來說，我對孩子的表現就頗滿意，因為在考前他們主動做計畫表、寫評量、複習功課，雖然成績不盡理想，但我覺得態度比成績重要，「有盡力就好」。

我也是這樣看待學生和部屬，盡力是主動積極的心態，而結果可能受到外在的因素影響，所以反而是其次。

在待人處事上，我常用這句話反問自己：「我已經盡力了嗎？」我覺得人與人相處應該順其自然，所以不喜歡太刻意去經營。當然有時也會考慮不周，或引發誤解，那該怎麼處置呢？還是這句話：只要盡力就好！

「我已經盡力去解釋了，」曾有人問我，「但對方還是不接受我的道歉，該怎麼辦？」

還有人苦口婆心，但朋友卻屢勸不聽，他很無奈，「我都快說破了嘴，他卻依然故我，該怎麼辦？」

「既然已經盡力，那就好了！」我的回答都一樣。我們無法左右別人，不是嗎？

你知道自己是誠心、立意良善、動機純正的，那就夠了。這就是《聖經》上說的：「個人應該查驗自己的行為。」換句話說，你只要做好自己該做的事，剩下的就不是你的事了。

相同的原則也適用於感情生活。沒有人知道這分感情能維持多久，重要的是你百分之百投入這分感情中，就沒有什麼好遺憾的，至少你知道自己盡了全力。看待對方也一樣，當愛已成往事，這並非他的錯，因為他盡力了，他已做到他的極限，勉強在一起才是彼此的遺憾。

說一則故事：

有個師父帶著徒弟在寺廟外面種了一些種子，想要美化寺廟。突然間，颳起一陣強風，把將近一半的種子給吹走了。弟子很生氣，不斷抱怨。師父告訴弟子：「我們已經盡力了，那才是重點。」

幾天過後，來了一陣暴風雨，雨水淹沒了寺廟和附近的地區，弟子認為所有的工作都泡湯了，但師父回答他說：「我們已經盡力了。」

幾個禮拜後，許多小嫩芽開始在寺廟周圍冒了出來，弟子高興得不得了，師父告訴他：「我們竭盡全力，那才是重點。」

沒錯，只要竭盡全力，結果就交給上帝。

盡之在我，成之在天。

——詩人，徐志摩

我是為了取悅他人嗎？

——你的看法是建立在自己的意象上，而非別人的印象上。

你顧慮什麼？你最常顧慮的就是別人會怎麼看你，但你為什麼要那麼顧慮別人呢？你是不是一直把自己放在展示櫥窗裡，擔心別人會對你品頭論足，在意別人對你的評價？

如果別人說你好，你就覺得自己很好；如果別人說你不好，就覺得沮喪，就覺得自己不好。如果有人稱讚你，你就很高興雀躍；如果有人懷疑你、批評你，你的心又掉到谷底。你不知道自己是誰，別人給你的評語，就成了你對自己的評價；你只是依照別人的意見來生活，那就是為什麼你總是顧慮東、顧慮西。

不久前，一位學生跑來問我：「有朋友找我加入他們的團體，我該不該答應？」

「這不是該不該的問題，而是你想不想的問題。」我告訴他。

「我怕拒絕了，他會不高興。」他顧慮地說。

「拒絕又不是斷絕。」我說，「一個真正的朋友會尊重你、支持你。不管你拒絕什麼，如果有人因為你誠實地說出自己的難處而為難你，這種人就太自私了，你真的想委屈自己配合嗎？」

古羅馬哲學家西尼卡說過：「合乎本性的人生，便是快樂的人生。」你要做合乎本性的事。不管別人怎麼說你，你的看法是建立在自己的意象上，而非別人的印象上。

假如你的眼睛從不看自己，只看別人，那麼你所獲得的便是別人想獲得的，而不是自己想獲得的；你所得到的快樂必是來自別人，而不是自己真正的快樂。

你沒發現嗎？那些取悅別人的人，過得都不怎麼愉悅；總是討好別人的人，過得也不怎麼美好？

許多婚姻會變調就是這樣。剛開始交往時，我們多半盡一切努力取悅對方。可是，當你凡事都以取悅對方為出發點時，問題就來了。有一天當你回頭想做自己，對方就以為你變了。

跟人相處也是，要是我們一味去討好，就是助長他們產生錯覺，習慣對你予取予求。長久下來，關係遲早會變調。

有時你會為一點小事跟你的伴侶、父母、子女或朋友生氣，表面上你氣他們虧待你，卻不知道其實你是氣自己，你氣自己一開始就不尊重自己的需求。

人們常抱怨別人不尊重他們，事實上，別人會踩在你頭上，是因為你自己趴在地上。

唯有自我尊重，別人才會尊重我們。你支持和欣賞自己的程度，將是你受人支持和欣賞的程度。

學習一件基本的事：做你自己，做你喜歡做的事。永遠不要取悅別人或看人臉色，那是乞討的行為。絕不要委屈自己做任何不想做的事。

想想看十年前你曾經取悅的人現在在哪裡？他們又是怎樣對待你的？

所以，下回當你回應別人的要求時，可以這樣問自己：「這是我的想法，還是別人的想法？」、「這是我想做的，還是別人想做的？」

當你面對選擇或做決定時，也可以問自己：「我是在為自己、為我的喜悅做這件事嗎？或者我只是為了取悅他人？」

如果是後者，建議你還是放棄吧。要重拾自己的力量，首先必須記住這是你的人生，你並不是為了符合別人的期待才來到這個世界上的，你也不是為了滿足別人而活。你無法讓每個人快樂，卻一定有能力讓自己快樂。

只是做你自己，這還需要顧慮嗎？

為什麼我們的幸福要取決於別人腦中的想法？

——美國詩人兼哲學家，愛默生

你的出發點是什麼？

——如果你是善意的，就沒什麼好擔心害怕。

人們一直很在意自己的行為，哪些是對的，哪些是錯的？什麼是善的，什麼是惡的？我個人的見解是，問題不在任何一個行為，而在於你的動機。

隨著生命經驗的累積，我發現，沒有任何事是絕對的對或錯，好壞也常是一體兩面。例如，有一個外科醫生為病人動手術，不幸手術失敗，導致病人死亡。他與拿刀殺人的凶手比起來，兩人的行為類似，結果也相同，但動機卻不同。外科醫生的動機是救人，凶手卻是殺人。善惡也天差地別。

又好比，如果你內心企圖要攻擊別人卻面帶微笑，這種微笑就是罪惡；而如果你的意圖是善的，是想讓那個人變好，那就是良善的。舉一瓢濁水，給即將乾枯的小樹，是善事；潑向別人是惡事。關鍵就看你的動機。

我有一位學生在兒童癌症病房擔任化療護士，她的工作是在病童瘦弱的手臂上找尋靜脈注射化療藥物，這個注射過程通常要持續十二個小時，而且非常痛苦。她對自己的工作感到挫折，甚至懷有罪惡感。

「妳也想幫助這些孩子，不是嗎？」我告訴她，「出於善心去做的事，都是善的，即使是給予痛苦。」

最近還有位朋友，他說了某些話怕遭人誤解。「其實重要的不在於別人怎麼想，關鍵在於你的意圖是什麼？」我告訴他，「如果你是出於善意，那就不必太在意；若是出於怨恨之心，那就是惡意，就該主動道歉。」

我自己也常碰上感到挫折的事，比方，勸人不成，對方反而惱羞成怒；好心幫忙卻幫了倒忙；幫病人治療，效果卻不如預期。在那種情況下，我當然也會內疚和自責，但我會不斷提醒自己：只要我誠心想幫助人，盡力而為就行了；只要我動機純正，就算做錯或失敗，也無怨無悔。

我的哲學是：做對的事，不要怕犯錯。

每個人都會犯錯，一個純正的動機可以抵銷錯誤和失敗，而一個錯誤的動機反而會擴大錯誤。比方說，如果你的動機是要欺騙別人，那麼當你失敗時，就會說更大的謊去圓，或是惱羞成怒；真誠的動機則讓人心安理得。

換句話說，如果你是善意的，是要服務和協助別人，那就沒什麼好擔心害怕。

我們習慣把人分為好人和壞人，對人的行為也分成善的和惡的。這樣的判斷通常是根據我們眼睛所見到的結果。但是當一個人做出某些行為時，我們沒有辦法看到他心裡的想法，不是嗎？

聖湯瑪斯說：當一個人的心意因善的事物而喜悅時，他就是善的；當一個人的心意因惡的事物而喜悅時，他就是惡的；當他在有美德的生活中找到快樂，他就是有美德的；當他在罪惡的生活中找到樂趣，他就是罪惡的。因此，從我們愛好的事物中，就可以看出我們是什麼樣的人。

真正的善惡、好壞不是看外在；不是在別人的眼裡或嘴裡，而是在我們自己心裡。

曾讀過一則故事。

兩個男人一心祈求死後能上天堂，於是想盡方法、費盡心機。

第一個男子奉行戒律，絕對不做壞事，深怕自己死後下地獄。

第二個男子為了積功德，拚命做善事，而且無論做了什麼好事，都不忘寫在筆記本裡，希望死後能當作前往天堂的籌碼。

好幾年過去，第一個人過世了，但天神卻跟他說：「很抱歉，我不能讓你前往天堂。」

「為什麼？」男子聽了非常驚訝，「我生前從來不做壞事啊！」

「你之所以不做壞事，是因為你怕我，把我看成劊子手。這樣我怎麼能讓你上天堂呢？」天神說。

第二個男子不久後也死了，天神同樣拒絕讓他上天堂。

「為什麼？」他不服氣地說，「我生前做了那麼多好事，應該累積了不少功德，為什麼不能上天堂？」

天神嘆了一口氣，說：「你做好事，是因為你有求於我，把我當成商人。我又怎麼能讓你上天堂呢？」

這兩個男子，一個是基於恐懼，另一個則是祈求回報，動機都不良善，怪不得上不了天堂。

我想起「篤信」佛教的梁武帝曾問達摩大師：「我建造寺廟、抄寫經文、吃齋念佛，究竟能有多少功德？」

達摩大師聽完，立即回答說：「毫無功德。」

梁武帝一聽差點當場翻臉！為什麼他做了這麼多「善事」，卻被達摩斷定毫無功德呢？道理很簡單，梁武帝過於執著在他的付出能換來什麼福報，一切都是有所企求、目的的，這哪能算是「功德」，應該是「功利」，對嗎？

所以我才說，要看「動機」，你的出發點才是主要的關鍵。

萬事萬物，因心而生；至要唯心；萬法唯心造。

——佛陀

你真的了解他嗎？

——當了解來時，譴責便走了；當譴責走時，諒解便來了。

你是否也有這樣的經驗：你的本意是好的，但表現出來的行為是錯的。你並非存心說出那些話，或者你也搞不清楚自己是怎麼回事，為什麼會那樣做。當你沉靜下來，才覺得不妥，甚至後悔不已。

其實，人本來就常會處在「無意識」的狀態，犯錯是人之常情，即使頭腦清楚的人，也會做出一些「糊塗事」。所以一些先哲大師們才會一再提醒人要慈悲寬恕，他們知道人或許會犯下惡行，但人的本質並非邪惡，而是「無意識」。

過失，是行為的結果，不是動機。當你真正了解之後，對別人的「無心之過」，自然也能寬容釋懷。

舉例來說，你在路上遇到鄰居，你跟他打招呼，沒想到他竟然視若無睹。你也許會想：「我有哪裡得罪他嗎？」或「他可能不喜歡我。」或「他根本瞧不起我！」並為此感到不悅。

但如果我告訴你：「他是因為家裡發生事故。」你還會感到不悅嗎？

你的父母對你發脾氣，你也跟著生氣。但他們為什麼發脾氣？

如果我告訴你，他們其實是因為害怕。怕什麼呢？他們怕你有危險、怕你受傷、怕你受騙、怕你沒前途、怕你養不活自己……。他們不是「責怪你」，而是「擔心你」。你還會耿耿於懷嗎？

憤怒與厭惡往往是建立在他人的行為上，而不是建立在他們的動機上。

有人傷害你，你就恨他們。但他們為什麼會傷害你，你了解嗎？

我記得年幼時曾見到一隻狗被車撞，我跑上前去想幫那隻狗，沒想到一靠近，狗就咆哮起來，我還差點被咬。「真是狗眼看人低，不知好人心。」一直到我長大後才明白，動物受傷後常會有這種反應，這才讓我對狗的壞德性釋懷。

當人受傷之後，也會像狗一樣反應。有人攻擊你、對你惡言相向，很可能是因為他們在某處受到打擊、羞辱、排斥或傷害。當你看得越深，就越能了解。

哲學家班尼特說得對：「我們最主要是根據自己的意圖來看自己，這是別人看不見的。然而在看待別人時，我們主要是根據他們的行為，這就是我們看到的全部。」怪不得人們會有那麼多誤解，以及對人難以諒解。

當然，要能站在別人的立場並不容易，必須有一定的成熟度。就像這則笑話：

小丁丁：「媽媽，妳看那個人沒有頭髮。」

媽媽：「別這樣說，他會聽到的。」

小丁丁：「媽媽，難道他不知道自己沒頭髮嗎？」

如果我們不成熟的話，就必會缺乏洞察力。一個人越不成熟，就越難從別人的角度看事情。

日本作家野田嘉則建議說：「難以對他人的心情感同身受時，可以試著去感受他人的動機。」

試著了解你所厭惡的那個人，不管你厭惡的是什麼，請先了解他的動機。

在敵對關係中，每個人能想到的都是自己；我們把心中的基本善良遮蔽了，所以很難發現自己和敵人之間共同的人性。今天我們認為某人是敵人，但他也必定為某人所愛或被某人期待；今天跟你競爭和敵對的那個人，他也跟你一樣想得到讚賞、肯定和愛。

試著將心比心。越是深入認識你的敵人，你就越會發現，在他們「可惡」的行為背後，他們其實跟你一樣，也有同樣的需要。

你是如何看待別人的？你是否相信，在內心深處，每個人都希望有好的表現？這很重要，因為如果你不相信別人良善的一面，你將永遠不會相信他們有良好的意圖。

一對新婚夫婦邀請了一位好朋友來家中吃飯，不知怎地，那位朋友將一只叉子弄斷了。

「不要緊，」先生連忙安慰道，「那不過是便宜貨。」

太太卻大叫：「那是這位朋友送我們的結婚禮物。」

如果你是這位朋友，你做何感想？

愛就是以善意來詮釋另一個人，相信別人是出於善意。當我們以惡意來挑剔和譴責別人時，我們往往會言過其實。我們都希望別人往好的方向想我們，為什麼我們卻對別人如此嚴苛呢？

試著退一步，從對方的角度看事情，看到對方和自己一樣，是個凡人，會說錯話、會衝動、會失常、會懦弱、會暴躁、也會迷糊……。當你看到自己也曾犯下種種過失，諒解別人就容易多了。

當了解來時，譴責便走了；當譴責走時，諒解便來了。

沒有人會為了惡而作惡；他犯錯只是因為想要追求快樂。

——作家，瑪麗・沃夫史東卡夫特・雪莉

你常餵養哪隻狼？

——當你一直用否定或批評指責的方式，善狼又怎麼可能會贏？

人有一半是天使，一半是魔鬼。天使在人心中，魔鬼也在人心中。再善的人，也有一點惡；再惡的人，也有一點善；善惡都在人心中。

你跟某人在一起，經常笑逐顏開，變得誠懇、友善、謙虛、感恩、正直，那是因為你們引發彼此心中的善；但如果經常惡言相向，變得粗暴、無禮、憤怒、煩躁、邪惡，那就是引發了彼此心中的惡。

引發心中的善，就是跟天使做朋友，反之，就是跟魔鬼打交道。

你應該也聽過有些人遇到某個人或跟某個人交往後，好像變成另外一個人。那其實不是變成另外一個人，而是內在的善或惡被引發出來了。

所以，當你跟某人交往時，你可以觀察一下，自己是變得更好呢？還是變得更糟？你也可以看看，那個跟你交往的人，是越來越良善呢？還是越來越惡劣？如果是後者，那你就要檢討了。

很久很久以前，有一位充滿智慧的印第安老酋長告訴小孫子一個「兩隻狼」的故事。

這位老酋長說，每個人心裡，都有兩隻狼在爭鬥。一隻狼是邪惡之狼。牠憤怒、嫉妒、憎恨、貪婪、自私、說謊、虛榮、不耐煩。

另外一隻狼是善狼，牠愉悅、平和、友愛、積極、慈善、關懷、真誠、慷慨、熱情、誠懇。

這位默默聽著祖父講故事的小孫子，想了一下，問他的祖父：「最後，哪隻狼獲勝？」

這位人生歷練豐富的老酋長說：「孩子，你飼養的那隻狼贏了。」

「你常餵養哪隻狼？」這是我們經常要反躬自省的。

許多愛人常會互相指責對方：「你變了，你跟以前完全不一樣！」但他（她）為什麼會變成另外一個樣子？你想過嗎？你想過你的孩子、朋友、伴侶為什麼會變嗎？

我不是要你掩蓋過錯，他們也許有些不良習慣，也許他們做了讓你厭惡的事，但不要因此論斷他們，不要餵養他們心中的惡狼。當你一直用否定或批評指責的方式，善狼又怎麼可能為贏？

你要專注在他們能夠成為的樣子，要看他們內在的潛能，要告訴他們：「我支持你，我相信你一定能越來越好。」當你對他們最好的一面抱持信心，你就是在幫忙引導出他們最好的一切，你就是那個天使。

讓我變得還不錯的，並不是教訓或祈禱，而是有一兩個人硬是相信我不錯，而我又很不願意讓他們失望。

——美國作家，魏斯特

他是「那樣的人」，你又是「怎樣的人」？

——你的表現比你說的話，更能顯示你是怎樣的人。

好在人的頭頂上沒有開天窗，否則就麻煩大了。因為人們常常說是一回事，做的卻又是另外一回事；或者他們說一件事，卻想著另一件事；或者他們不說想的事，或他們不做說出口的事。

人的天性就是會隱藏負面的行為和感覺，所以光聽別人說什麼是不準的，要看他的行為，這是「識人」的基本原則，行為比語言更能反映一個人。

我們都見過很多「說一套做一套」的人；還有些是「自我感覺良好」，但他們的行為卻好不到哪裡去。

舉例來說，有個祕書小姐覺得自己是個專業、有才幹的人，並以這個「形象」自豪。

但當我私下問其他同事時，卻引來一陣訕笑。因為她對倒茶、影印這種「不專業」的事都敬而遠之，而且對別人交代的工作也常推託敷衍。這樣的她，在同事的眼裡，不過是個「懶惰又自以為是的人」。

這位祕書對「我是誰」雖有清楚的意象，但她並不是「那樣的人」。這就是我想傳達的——決定人們如何看待我們的，不是你怎麼說，而是你怎麼做。

我們也許會根據自己對自我的認知來評論自己，別人卻是以我們的所作所為來評論我們。

例如，你可能「認為」自己很慈善，但除非你「做」了一些慈善的事，否則慈善永遠只是一個概念。

你可能「認為」自己很有能力，足以擔當大任，但除非你「做」了一些有擔當的事，否則人們無從了解。

我認識一個朋友，他原本工作認真負責，卻一直未獲得主管賞識和重用，後來他乾脆擺爛，「反正怎麼做都一樣，我又何必那麼拚命？」他不知道，他的做法正好讓主管更確信自己「沒有看錯人」。

有個朋友的太太情況也很相似，她和婆婆關係不好，婆婆常挑剔，總認為她懶惰，她就索性什麼都不做，甚至有一回，婆婆臥病在床，她也懶得管，「反正我做什麼都不對！」她的表現又再次印證了婆婆的看法。

誠如莎士比亞說的：「不要以為一個人既然做不到所有要做的事，就不去做自己能做的事。」不知道該怎麼做，不代表什麼都不該做。就好比學生考試要是每次都拿不到高分，是不是就乾脆放棄，拿零分算了？

或許這婆婆真的很難相處，或許這主管識人不明、有偏見，但那都是他們「個人」的問題，別人的錯誤不能當作我們犯錯的藉口和理由。

他們是「那樣的人」，但你又是「怎樣的人」呢？

人們經常把自己的行為與自我認知分開，這實在令人驚異。事實上，我們做了什麼事，就是什麼人，就這麼簡單！

有一個借驢的趣聞，你聽聽看，就會明白。

瑞迪坐在家門前，一個鄰居朝他走來。

「你好，瑞迪。我要去買點東西，你能不能把你的驢子借我？」

「真不好意思，我的朋友，今天我的驢子不在家。」

就在這時，屋裡的驢子叫了起來，於是鄰居勃然大怒，對瑞迪說：

「枉費你自稱是我的朋友，居然捨不得把你的驢子借我？」

「我剛才不是告訴過你，牠不在家！」

「別再騙人了，我剛才明明聽到牠的聲音。」

「你真是令我失望！枉費你自稱是我的朋友，居然相信驢說的話，而不相信我說的話？」

人的表現比他說的話，更能顯示他是怎樣的人。

如果你到處告訴別人，自己是怎樣的人，別人並不一定會認同；然而，如果你一直是怎樣的人，不管你到哪裡，人們遲早都會發現，即使你沒有告訴他們。

我母親雖沒什麼學歷，不會談什麼大道理，可她卻把那顆「孝心」種在我心裡。她雖不曾說隻字片語來教導我行孝，但我看她悉心照顧公婆的樣子，即使未被善待，姑嬸經常冷嘲熱諷，她都不曾怠慢。到婆婆晚年臥床，吃喝拉撒都是她一手照料，一做就是十數年。

沒錯，人的頭頂上雖然沒有開天窗，但每個人的眼睛都是雪亮的——你做什麼事，你就是什麼樣的人，別人遲早會發現。別光會出一張嘴。

其他人也許會因為我們對自己的評斷、對自己能力的信任，而輕視我們；其他人也會以我們的所作所為評斷我們。

——美國詩人，朗費羅

你學會承擔了嗎？

——如果甘願做，是為了別人；那麼歡喜受，就是忘了自己。

最近在親戚家上演了「三個媳婦」的故事：

第一個媳婦，在我的「印象」裡，還算是個「好媳婦」。因為感覺上她比較照顧婆婆，這陣子年邁的婆婆不良於行她還會幫忙洗澡。直到有一次，老太太洗完澡後錢包掉了，雖然沒說是誰拿的，但她因「自認」嫌疑最大，覺得委屈，從此就順理成章不再幫忙洗澡。當然，我對

「她是怎樣的人」，也有了不同的評價。

話說，這老太太還有個長媳，她「可能是」擔心照顧的擔子會落在自己身上，或是自覺理虧，便開始訴諸悲情：「我不是不想做，而是因為我腰不好，這裡痠、那裡痛的……」大家還能說什麼呢？她也順利拿到「免洗金牌」。

沒想到最後主動幫老太太洗澡的竟是孫媳婦，真是始料未及。從此我對這年輕的孫媳婦另眼相看。

沒有愛，就會怕承擔；有愛，就不會覺得是負擔。這是我的體會。

曾聽過一則感人的故事。有一位住在非洲的印度教徒，他來到喜瑪拉雅山朝聖，希望拜訪巴德里那斯和卡德那斯的聖廟，兩個都是很難到達的地方。在當時，那裡非常危險，不但道路狹窄，旁邊還是一萬英尺的深谷，終年積雪，只要腳稍微滑一下，就完蛋了。

那個印度教徒還是去了，他帶很少的行李，因為在高山上行動困難，而且空氣非常稀薄，呼吸也很不易。

突然，就在前方，他看到一個小女孩，她背著一個很胖的小孩，她一直在流汗，而且喘得很厲害。

那個門徒經過她身邊說：「小女孩，妳背那麼重的小孩，一定覺得很負擔吧！」

那個小女孩生氣地說：「你背的行李才是負擔，但我背的不是，他是我弟弟。」

原來，從內心甘願地去承擔一件事，即使做得很疲憊，仍然會滿懷歡喜地接受，這就是愛。

也許有人會問，若是遭到誤解，又如何歡喜承擔？

的確，這並不容易。網路上流傳著一則故事。

有座廟宇蓋在大湖中央，這座大湖一望無際，廟中供奉著傳說中菩薩戴過的佛珠。廟裡只有一艘小舟供和尚出外補給用品，外人無法接近。把佛珠放在湖中廟，不只安全，更顯示佛珠的珍貴。

廟裡住著一位老師父，帶著幾位年紀較輕的和尚修行，和尚們都期望能在這個山清水秀的靈境中，與菩薩佛珠的庇佑下，早日完成修道。這幾位和尚不斷潛心修練，直到有一天老師父召集他們說：「菩薩佛珠不見了！」和尚們都不敢置信，因為廟中唯一的門隨時都由這幾位和尚輪流看守，外人根本進不來，佛珠不可能不見。和尚們議論紛紛，因為他們都是嫌犯。

老師父安慰這群和尚，說他並不在意這件事，只要拿的人能夠坦承犯錯，並好好珍惜這串佛珠，老師父願意將佛珠送給他。所以老師父給他們七天靜思。

第一天沒有人承認，第二天也沒有，但原來互敬共處的和尚們，卻因為彼此猜疑而不再交談，令人窒息的氣氛一直持續到第七天，還是沒有人站出來。

老師父見沒有人承認便說：「很高興各位都認為自己是清白的，表示你們的定力已足，佛珠不能再誘惑你了。明天早上你們就可以離開這裡，修行已告一個段落。」

隔天早上，為了表示自己的清白，和尚們一大早就背著行囊，準備搭舟離開，只剩一個雙眼失明的瞎和尚依然在菩薩前面念經，眾和尚默默鬆了一口氣，因為終於有人承認拿了佛珠，讓案情大白。老師父一一向無辜的和尚們道別後，轉身詢問瞎和尚：「你為什麼不離開？佛珠是你拿的嗎？」

瞎和尚回答：「佛珠掉了，佛心還在，我為修養佛心而來！」

師父又問：「既然沒拿，為何留下來承擔所有的懷疑，讓別人誤以為是你拿的？」

瞎和尚回答：「過去七天中，懷疑很傷人心，自己的心，還有別人的心，需要有人承擔才能化解懷疑。」

老師父從袈裟中拿出傳說中的佛珠，戴在瞎和尚的頸子上說：「佛珠還在，只有你學會了承擔！」

廣播節目《慈濟世界》裡有句大家耳熟能詳的話：「甘願做，歡喜受。」如果甘願做是一種愛的表現、是為了別人；那麼歡喜受，就是一種承擔、是要忘了自己。

你還沒學會承擔，那是因為你心中只有自己。

但願眾生得離苦，不為自己求安樂。

——出自《華嚴經》

當沒有人看到時，你會怎麼做？

——每一件你所做的事，都會自動被記錄下來。

曾讀過一個故事，講一個年輕的埃及工頭負責督導一座法老金字塔的地基工程。他在大太陽下監工，糾正做得不好的地方。只要發現哪塊石頭擺得不對，他就命工人重新來過，一直到擺對了為止。

另一個工頭觀察著這個年輕工頭，然後走到他面前給他忠告，「地基就是埋在地底下的，」他搖搖頭，「別操那麼大的心，沒有人會知道。」

「但我自己會知道。」年輕工頭如此回答，並繼續工作。

俗話說：「舉頭三尺有神明。」這並不是說每個人頭上真的都有神在看管，而是你做了什麼，你自己知道，你的心都會記錄下來。

每一件你所做的事，都會自動被記錄下來。比方說，你在背後中傷某人，心就會自動記錄下來，然後你見到那個人就會覺得不自在；如果你一直都很正派，心就會記錄下來，說你是坦蕩蕩的，你會毫無畏懼；如果你一直說謊、不誠實，心就記錄你在撒謊，如此一來，你就必須去掩蓋那些謊言，而且由於你在說謊，你也會開始懷疑別人的話，你會變得疑神疑鬼；如果你對別人做了虧心事，當半夜有人敲門，你就會害怕。

我不知道在你關上門後做了什麼，你也不知道我做了什麼，但我們都知道自己做了什麼，不是嗎？因為我們的所作所為都被心記錄下來了。

有一則流傳久遠的故事。

東漢時，有個名叫楊震的人，學問很好，人稱「關西孔子」。他在家鄉華陰教書很多年，五十歲以後才出外做官，調任「東萊太守」。

當他前往東萊郡上任的時候，路過昌邑。昌邑縣令王密是他在任「荊州刺史」時推薦的官員。王密得知楊震要來，便做了隆重的接待。到了晚上，王密又悄悄拜訪楊震，並帶了十斤黃金作為禮物。

王密來到楊震的住處，寒暄過後，便拿出這份厚禮，感謝楊震過去的薦舉。言外之意呢，是想賄賂這位老上司，請他多多關照。

可是楊震當場拒絕了王密的禮物。他說：「做為老朋友，我很了解你，而你卻不了解我的為人，這是為什麼呢？」

王密還以為楊震只是客氣，故意推讓，便勸道：「我保證沒人知道這件事兒。」

楊震生氣了，「天知道，地知道，你知道，我知道，怎麼能說沒人知道呢！」

王密十分羞愧，只好帶著這份原封未動的重禮，狼狽地走了。

住在綠圓道旁，我常看到有人在園道亂丟菸蒂，攀折花木，還有人牽著狗隨處便溺，又不清理，他們東張西望總以為沒人看見，其實我在樓上看得一清二楚。

人們常以為自己做了什麼，別人都不知道。其實，那只是「你以為」而已。

你以為沒有人認識你，但我見過你在公車上裝睡，不想讓座；於是我知道你是個昧著良心的人。

你以為在背後道人長短，對方不會知道；於是我知道你也可能在背後說我壞話。

你以為偷工減料外行人看不出來，但我見過很多黑心商人害人害己的報導；於是我明白不是看不出來，只是時候未到。

你以為他昏迷不醒，但我見過在你離開後，他流下了淚；於是我明白愛能讓人感受得到。

曾讀過一則醫院裡發生的小故事，講的是一個大約八十歲的老人家，想找醫生幫他拆線。他很趕，但醫生正在幫人動手術，所以，他邊等邊不停地看錶。

當時有個護士正好忙完，看著老人家好像很趕時間，自己又有空檔，便想幫他拆線。她叫那個伯伯坐下，然後把傷口上的布一層一層拆下，一邊拆一邊和那個伯伯閒聊。

護士小姐好奇地問：「為什麼你這麼趕？」

「因為我跟人約了九點，真不好意思，麻煩你了！」

護士好奇地想，八十多歲的老人家應該不用上班吧，什麼約會讓他這麼趕呢？老人家說：「我要趕去療養院陪我老婆吃早餐。」

護士小姐更加好奇了，「原來是進了療養院啊！身體有什麼狀況嗎？」

老人家回答：「啊，沒什麼，是柏金森氏症，都好一段日子了。」

護士小姐幫他拆好了線，看一看錶，「哎呀！你要遲到了，恐怕要讓你太太擔心了。」

老人說：「不會，這五年來她都認不得我，我去不去，其實她都不知道。」

護士小姐很驚訝，「那你還每天早上都去？」

老人笑笑，拍拍護士的手說：「她不認得我，但我認得她，那就行了。」接著他慢慢轉身走了。

當沒有人看到時，你會怎麼做？

我們做任何事，都要當作有一雙眼睛看著你，如果你在他人面前不會做的事，在背後就不該做。

我們在人前人後都應該保有相同的品格，即使別人不知道你做了什麼，但你自己總知道吧！

白天的行為必須能讓你在夜晚放心安眠；年輕時的作為必須讓你年老時能平靜度過餘生。

——印度格言

你的人格值多少錢？

——如果只論價格，不管品格，那是不是連人格都可以買賣？

從前有一個故事：

某甲的父親掉進河裡淹死了，屍體漂到下游，被某乙撈上來。

某乙寫信通知某甲：「你想把父親的遺體搬回去，必須付我十兩黃金。」某甲不甘心付這麼大一筆錢，偷偷去找足智多謀的某丙商量。

某丙對某甲說：「沒關係，這好比一筆買賣，你儘管殺價，因為對方這筆貨非脫手不可，而買主只有你一家。」

某甲聽了覺得有理，就不理會乙方的要求。某乙著急了，也暗中向智多星某丙請教，某丙對他說：「沒關係，這好比做買賣，因為對方非進貨不可，而只有你一家有貨。」某乙覺得有理，就決定堅持下去……。

在這個故事裡，每個人都有自己的盤算，聽起來似乎都言之有理，但他們卻忽略了最重要的事，那就是做人的道理。

一般人在面對利益時，常會問：「這麼做對我有利嗎？」卻很少人會問：「這麼做正確嗎？」這就是問題所在。

想想，如果只論價格，不管品格，那是不是連人格都可以買賣？

就在幾天前，我讀到一則小故事，有個人非常敬拜上帝，他離開家跟一群信徒到沙漠傳教。

有一天，這人與另一名信徒負責到城裡去把兩隻已經老得不能載重的驢子賣掉。他站在市場中，一些人看了看驢子，問他這驢子值得買嗎？

「如果牠們有價值，你認為我們會想賣嗎？」他回答。

「為什麼這兩隻驢子的背和尾巴都受傷呢？」有人問他。

「因為牠們又老又頑固，」他回答，「我們每次都必須拉牠們的尾巴、鞭打牠們，牠們才肯動。」

結果沒有人買這兩隻驢子，這人便帶著驢子回到了沙漠。他的同伴把一切發生的事告訴其他信徒，所有人都想知道為什麼他要告訴那些想買驢子的人實話。「你們想想看，」他回答，「我離開家，到處去宣揚教義，難道只為了這兩隻老驢子就把自己變成一個騙子？」

你的人格值多少錢？千萬別為了一些小利，就把自己賣了，你沒有那麼廉價。

有錢是好事，但沒有因此而失去金錢買不到的東西，更是好事。

——作家，拉提蒙

心為什麼不安？

——你讓別人感受到的，都會回到你自己身上。

人心都是有感知能力的。每當我們對別人做了一件「不希望發生在自己身上的事」，就會有一個「鬼影」在自己內心誕生。

如果你罵人，你同時也會感受到被罵的感覺。當我們數落別人，那個被數落的感覺同時會在我們心中產生；如果我們不守信，還扯一堆藉口，在內心我們就會感受到對方失望、憤慨和受傷的情緒。

罪惡不是遭到懲罰，罪惡本身就是一種懲罰。當你犯了罪，你會有罪惡感，你會感到心神不安，你會感到內在混亂，你會感到不快樂。就像回力球一樣，你讓別人感受到的，最終都會回到自己身上。

你有沒有這種經驗？你跟某人爭辯，最後你贏了，但不知怎麼搞的，你並不覺得高興，反而覺得低落。

有人傷害了你、打擊你，你還以顏色，但奇怪的是，當你反擊之後，心情非但不覺得快樂，反而變得更糟。

你腦海中一再上演剛剛說過的話，並試圖為自己的行為辯解。「是他不對，是他先對我惡言相向，是他對我這樣……，所以，我才會那樣……」但有一種不安的感覺，讓你就是無法平靜。

你不了解這是怎麼回事？其實，這不安的感覺就是你的良心在對你說話。

是的，你的不安是因為你違反了自己內在的良善，你的心非常善良，它不想要傷害人、不想打擊人、不想讓人挫敗；它不喜歡你那樣，它怕同樣的事也發生在自己身上，所以才會不安，明白嗎？

我知道在我們周遭有些人會說謊、隱瞞、在背後捅人一刀，他們根本不覺得愧疚。然而，那正是他們最可悲的地方。

聽聽這則故事。

有一位傳教士在傳播福音，被一位傲慢的年輕人打斷了話：「你說罪是重擔，我怎麼不覺得？它有多重？八十磅？還是一百磅？」

傳教士回答：「請問你，如果把四百磅重的東西放在屍體上，它能感覺到重量嗎？」

「不能。」

「為什麼？」

「因為他是死的。」年輕人回答。

「同樣的道理，心靈無法感到有罪的重擔，也是死的。」

只有死人才會麻木不仁。

你必須聽從內在的良善來待人處世，內心才能獲得平靜。

凡是帶來悲慘的即是罪惡，凡是帶來喜悅的即是美德。

——奧修

你是大家想親近的人嗎？

——每一件事都不是依你「做什麼」而定，而是依你「是什麼」而定。

常有學生問我：「升學好，還是就業好？」、「結婚好，還是單身好？」

最近還有學生問我：「應該信仰宗教嗎？要信哪個教好？」、「吃葷好，還是吃素好？」

我的回答都一樣：「什麼都好，重要的是看你自己。」

我既不贊成、也不反對任何事。人們習慣把事情分出是非好壞，其實那是沒有意義的。因為每一件事都不是依你「做什麼」而定，而是依你「是什麼」而定。

即使是信仰，如果你是錯的人，你可能會因錯誤的理由信教；如果你行善，你可能會因錯誤的理由行善；因為你是錯誤的人，所以即使你去修行，也會扭曲修行的本質。

我看過很多人加入某些宗教團體，每天念經、禱告、打坐、練功、讀法；或是每週做禮拜；初一、十五吃素，頸上掛著十字架，手腕上戴著念珠，可是，什麼事也沒發生。

我也聽過許多信徒抱怨，為什麼信仰沒讓自己喜樂？懷疑自己為何不被別人接受？

原因其實都相同，關鍵就在——你是什麼樣的人。這跟你念什麼經文、唱什麼詩歌、禱不禱告，或是吃葷、吃素無關。

吃不吃素，並不能改變你這個人，只是改變口味罷了。畫家吃相同的食物，在他身上食物轉變成畫；作家吃相同的食物，在他身上食物轉變成作品；善人吃相同的食物，在他身上食物轉變成良善；惡人吃相同的食物，在他身上食物轉變成罪惡；愚蠢的人也吃相同的食物，結果做了一堆蠢事。那完全視自己而定。

食物只是食物，權力只是權力，婚姻只是婚姻，信仰只是信仰……，每樣事物都是中性的。

並不是權力讓人腐化。權力只是一面鏡子，讓人看到自己的墮落。並不是權力讓人貪婪，人本來就貪婪，權力只是讓它顯露出來而已。

並不是婚姻把愛帶向墳墓。不，婚姻並不會破壞愛，婚姻甚至可以讓愛變得美滿幸福。婚姻只是顯露出真相，它只是把那個隱藏在我們內在的部分顯露出來。如果你是寬容的，婚姻會幫你把寬容帶出來；如果你是暴躁的，婚姻也會把那個暴躁帶出來。它只是給你機會，幫你了解自己的真相。

信仰也一樣，不管你信的是什麼教，加入的是什麼團體，你應該問問你自己：「我是否樂觀開朗、心胸開闊？我所說的話、做的事，會讓別人想接近我嗎？」

換句話說，你的友善、你的熱忱、你的喜樂，以及你對信仰的態度，才是關鍵。如果你能充滿愛，善待別人，讓人如沐春風，連別人都忍不住想一探究竟，那你就成功了。

我曾聽說，有個男子一心只想得道，他晨昏禮佛，天還沒亮就起床讀經，只要聽到有什麼法會能添功德，無論多遠、要花多少錢都會參加。

但讓男子迷惑的是，他沒有感覺到內心的喜悅，反而變得越來越煩躁。

某天，他聽說有位高僧來到鎮上，便趕去跟高僧請教：「師父，無論我做了多少努力都無法得道。請問您得道的祕訣是什麼？」

高僧想也不想便回答：「我不知道。」

男子不太高興，「你這個和尚怎麼那麼小氣？難道你怕我知道箇中訣竅，信徒人數會超過你嗎？」

高僧沒有回答，只是指著庭院中的一棵樹，問男子：「看看那棵樹，你看到了什麼？」

「不就是棵樹！」男子沒好氣地說。

但高僧堅持，「再看仔細一點。」

男子看了看，回答：「樹下有個人在乘涼，樹上還有幾隻鳥……」

高僧露出微笑，點點頭，「樹只是生長在那裡，人自然會來乘涼，鳥自然會來棲息。樹永遠不會想為什麼自己是棵樹？自己身為一棵樹應該要做什麼？而老衲就是那棵樹。」

男子恍然大悟，連忙拜謝高僧。

很多人以為吃齋念佛才是修行，那是不對的。每人每天的每個行為，都是一種修行。

重要的不是你「做」什麼，而是你「是」什麼。若讓人覺得親近你是件很愉快的事，那整個情況便會完全不同，就像一棵有樹蔭的大樹，一條清涼的小溪，給人一種清新的感覺，大家都想接近你，那麼不管你做什麼都是好的。

所以我說，全都視你自己而定。不是嗎？

上帝先看人的內心，然後才看他的頭腦。
——猶太格言

你有說一套做一套嗎？

——真正的善是讓人感同身受，而不是刻意「做出來」的，否則就變成「偽善」。

據說有一對老虎良心發現，覺得過去吃人太多罪孽深重，決定以後要少吃，首先從不吃教徒做起。有一天公虎外出回來，發現母虎吃了一個教徒，吃到只剩下嘴巴，就問母虎說：

「我們不是說好不吃教徒嗎？你怎麼吃了？」

母虎回答說：「這個人全身聞來聞去只有嘴巴有教徒的味道，所以嘴巴沒吃。」

原來這個教徒很會講道，很認真讀經，很會教導，然而卻是說一套做一套。這不也是許多人的通病嗎？有人一副道貌岸然的樣子，私底下卻亂七八糟；有人在外面做環保義工，回家卻製造垃圾；有人自己做不到，還用高道德標準去要求他人。只擁有一張道德的嘴巴，德行卻不怎麼樣。

道德的目的是「律己」，而非「律他」，這是一般人經常搞混的。所以，你隨便都可以看到那些「假道學」的人在譴責，他用批評的眼光看你，告訴你這是錯的，那是不對的，他滿腦子都是「好的」、「神聖的」，因而總是發現別人的不好和罪惡。

譴責別人沒有美德，就能讓人擁有美德嗎？批評別人不道德，就能讓自己變得有道德嗎？

不，不管你是不是信徒、有沒有修行，都請記住，永遠不要去批判別人。如果你不愛那個人，那你有什麼資格要求他；如果你是愛的，那你就不可能批判，因為唯有當你不去批判，才能夠愛。

宗教上的信仰並不代表什麼，如果一個教徒無法讓人感覺到良善與愛，他就不是一個好教徒，這跟你是否虔誠無關。一個少了慈悲的虔誠，就像少了關懷的熱心一樣，只會跟人漸行漸遠。

我發現，有些人縱然經過多年的靈修，態度還是相當嚴苛。他們總是戒慎恐懼，好像修得不對就會遭到懲罰一樣，甚至要求別人也這樣，結果把原本會帶來喜樂的事變成了沉重的負擔。

還有些靈修的人常誤以為自己必須親切、溫和，不可以口出惡言，才是有修行的人。這當然也是錯的。當某個行為是出自頭腦，而不是發自內心，就是虛假的。

舉例來說，我們若想把自己塑造成一個不自私的人，我們便會把每件事設計成看起來我們是無私的樣子，這跟我們真正自不自私毫無關係。

真正的善是讓人感同身受，而不是刻意「做出來」的，否則就變成「偽善」。

人們不會從我們引用多少經書認出我們，也不會從我們讀了多少次法典認出我們；人們是從我們做的善事認出我們，是從我們的修養和德行。

德行與道德不同；道德有一定的守則，它總是規範大家「不可以這樣」、「不可以那樣」，為了達到這些道德要求，我們必須小心翼翼地這個不碰、那個不做。但是德行就不一樣了，我們可以放心追求好的德行，像正直、慈悲、信任、友愛、寬懷、平和、感恩、喜悅，一個有德行的人是不需要刻意規範的。

說一則故事：

有一個男子聽說《聖經》裡有一句話：「有人打你的左臉，就把右臉也給他打。」讓他覺得很不可思議。

某一天，他在路上遇見一位聖徒，想試試看他會不會依照《聖經》的囑咐。於是男子走向前去，「啪」一聲打了聖徒一記耳光。果然，聖徒把右臉轉了過來，男子又打了他一巴掌。

不料，這回聖徒突然撲向男子，把他壓在地上，拳打腳踢，狠狠揍了一頓！男子被打得鼻青臉腫，不服氣地問：「你還好意思說自己是基督徒，你怎麼沒有遵照上帝的吩咐呢？」

「我有呀！你不是先打了我的左臉，我又讓你打了右臉嗎？」聖徒說，「但上帝沒有交代，接下來該怎麼辦，所以我決定痛扁你一頓，好讓你知道不能隨便打人！」

所有規範都有其限制，絕對規範一個人是不可能的。就像上了薄薄的一層妝，只要稍微刮一下，不管他是信什麼教、修什麼法，一切全都忘光光，他的本性會立刻顯現。他可能突然變得很生氣，還抱怨惹他生氣的人，接著開始懷疑自己，「我的修為、我內在的平靜跑到哪裡去了？」甚至質疑自己靈修的道路究竟正不正確。

心靈導師喇哈夏說：「你如何知道自己所走的靈修之路正不正確？當你越來越放鬆、自在、喜悅和平靜，那你就不可能走錯；當你越來越痛苦、掙扎、不快樂，並失去和平，你走的路就絕不可能是對的。」

領悟是唯一的法則。

只要你領悟了，就會放鬆；只要你放鬆，就不可能執著教條。

只要你領悟了，就會自在；只要你自在，就不可能控制他人。

只要你領悟了，就會滿足；只要你滿足，就懂得感恩和分享。
只要你領悟了，就會喜悅；只要你喜悅，就是走在正確的道路上。
一個人越喜樂，德行就越高。

效法一個好人，和偽裝成一個好人是不一樣的。
——美國作家及發明家，班傑明‧富蘭克林

在那之後你變成什麼樣的人？

——我們不該問「為什麼」，我們應該做的是證明自己「是什麼」。

如果你問一百個人：「你覺得自己是一個有愛心的人嗎？」我想至少八成以上都會說：「當然是！」但若接著問：「你願意捐一個月的所得給需要的人嗎？」恐怕大部分的人都會支支吾吾。

在概念上認知自己和從經驗上認知自己是不同的。

在概念上你知道你是個善良的人，但你怎麼知道自己是善良的？是當你遇到別人對你不善，而你會原諒、寬容，對嗎？你的表現才能驗證你「是」什麼人。

換句話說，如果沒有不善和邪惡，你就無法了解自己是不是善良的。你必須先經歷相反的事，才能證明你是誰，如此才能讓你真正成為這樣的人。

沒有惡人，就不知道誰是善者；沒有打擊，就無法知道誰比較堅強；沒有不愛的人，就不知道誰是真愛。要驗證任何事實，就無法避免相反之物，那是最基本的。

耶穌說：「如果一個人只有信念，而沒有功課，對他有什麼好處？

信念可以救贖他嗎？沒有功課的信念，就是死的。一個人要發現自己，必須經由功課試煉，而非僅有信念。」此處耶穌所指的功課，就是對你信念的試煉，對你是誰的驗證。

這就是為什麼一旦你決定了什麼事，往往在生活中就立刻會發生與之相反的事。有些人想成功，反而遭到挫敗；想擁有更多，反而虧損或失去；想讓事情變更好，反而會遇到更多阻礙。這其實都是在試煉。

如果你想得到更多的愛，你可能不會遇到愛你的人，也可能遇到讓你覺得很難去愛的人。但就在痛苦的摸索、互動中，你變得更懂得愛，成為更值得愛的人。

如果你祈求上天讓你得到更多的錢，上天不會直接給你。在給你錢之前，上天也許會安排一些考驗給你，讓這筆錢真的有利於你的成長。上天也許會讓你更窮困，好讓你懂得如何運用和珍惜更多的錢。

往往當你要求某樣東西時，你會發現自己經歷到一些未曾預料的改變，好讓你準備好去擁有它。也許是你的態度需要改變，或許是你採取的做法有誤。上天會安排給你許多經驗，使你能擁有你想要的東西。那是宇宙運作的方式。

如果你想成為善，就會有惡來試煉。如同心理學家威廉・詹姆士所說：「我們所稱的惡，大多都能轉變為另一種強化的善。」

在人生中，我們都會遇到令人感到挫折、難以釋懷的狀況。你也許會說：「這不公平，為什麼是我？」或是「我遇到這樣的事，我有充分的理由埋怨。」或「我忍受了那麼多痛苦與不公，我有權力報復。」

沒錯，也許你有正當理由萌生現在的感覺，並以負面回應人生。但我仍要請你選擇正道，因為唯有如此才能顯示、驗證和創造「你是誰」。

引自猶太教牧師哈洛德・庫許納（Rabbi Harold Kushner）的話：「我們一生中經常會有挫敗感，重要的是，在那之後你會變成什麼樣的人。」

你一旦了解真相，每件事都會顛倒過來。你會發現任何事都是「為了我」，而不是「衝著我」而來。

你就不會問：「為什麼是我？」

而是說：「這件事發生在我身上，因為我有功課要學習。」

你就不會埋怨：「看看命運或那個人是如何對待我。」

而是說：「我是如何對待命運和他人。」

你真的想成為一個更好的人嗎？你真的很想擁有不同的人生嗎？

如果你真的想，那就別再譴責或抱怨任何事，欣然地接受試煉。

每個人在世界上都曾遭到挫折，勇敢的人反而會在折斷的地方堅強起來。

——美國作家，海明威

你的工作有意義嗎？

——你做什麼都不重要，重要的是你怎麼做。

世界上的工作有千百種，有人當廚師，有人是老師，有人修汽車，有人是專櫃小姐，有人當老闆，有人當職員……，不管任何身分、職位都一樣。每個人都擁有平等的地位，與工作性質無關。

沒有人比較高，也沒有人比較低，這只是一種專業分工，扮演的角色不同。你也許是送貨的、修鞋子，也許是清垃圾的，但那不重要；重要的是你是否投入熱情，是否發揮潛能和創造力，以及是用什麼態度去做？

一個護士，如果她工作的目的只是為了薪水，那除非加薪，否則她的工作熱誠必然很有限。反之，如果她認為那是一份「救人」的工作、她是在「積陰德」，那態度就會全然不同。

一個清潔工人可能認為自己在做一份沉悶乏味的工作，只是打掃垃圾，而且要耗費許多個小時。反過來，他也可能認為自己是在做環保、在「做善事」，他讓世界變得更美麗。那結果將會有天壤之別。

人權領袖馬丁・路德・金恩博士（Martin Luther King）說過：「如果一個人靠清潔街道維生，那麼當他在清潔街道時，就應該像米開朗基羅在繪畫、貝多芬在作曲、莎士比亞在寫作一樣。」

關鍵不在於你做什麼事，關鍵在於你用什麼態度去做。

我想起林肯。他當選美國總統時，他的父親還是個鞋匠。這讓當時國會裡面多數是貴族的參議員們感到不是滋味。所以，第一天，林肯到國會發表就職演說，講到一半時，一個人站了起來。這個人是非常富有的貴族，他說：「林肯先生，你該不會忘記令尊以前幫我們全家人做過鞋子吧！」所有參議員哄堂大笑。

林肯不以為意，回答說：「參議員，我知道家父曾到府上做鞋子，也到過在場許多人的家裡……因為他做的鞋子無人能比。我想請問你，你對他做的鞋子有任何不滿嗎？因為我自己也知道怎麼做鞋子，所以，如果你有任何不滿的話，我可以為你重做一雙。但就我所知，從來沒有人對家父做的鞋子有任何不滿。他是一位天才，是一位偉大的創造者，我以家父為榮！」

所有參議員都傻眼了。他們無法理解林肯是什麼樣的人。雖然他已貴為美國總統，但任何人有不滿，他就願意為抱怨的人重做一雙鞋。

這就是我想傳達的：你做什麼都不重要，重要的是你怎麼做。

為什麼今天有這麼多人覺得生命不圓滿，認為只是在重複做些俗世的差事，還為了養家餬口而被卡在自己不喜歡的職業裡？答案很簡單：因為他們沒找到工作的意義。

多數人的一生當中，工作就占了將近十萬個小時，若不算睡眠的時間，這大約是我們成年生命的一半。如果在這「一半的生命中」你找不到意義，那你的生命又會有多大的意義呢？

你有找到工作的意義嗎？

別忘了，你並不是為了工作而工作，也不是為了錢而工作，而是為了某種意義而工作。你必須盡可能讓你的工作連結到更大的意義，你賣的不只是商品，不只是勞力和時間，而是賣你的服務、觀念、創意、快樂、夢想，賣一種比工作本身更重要的意義。

如果你能找到那個意義，或是去創造出意義，那我想你每天都會高高興興地去上班、去工作，你的生命將因此而變得充實又有意義，這是真的。

世上沒有卑賤的職業，只有卑賤的人。

——美國總統，林肯

為什麼不做好一點？

——凡事全力以赴，總有人在意的。

只要提到工作，一般人都是能少做點就少做點，即使無法避免，多半也是心不甘情不願。為什麼？因為那些事是他們「必須」去做，而不是他們「想做」的。所以，做起事來也就漫不經心，一點勁都沒有。

大家很少這樣想：如果那件事是你一定得去做的，為什麼不把它做好一點呢？

英國政治家柴斯特費爾德伯爵說得好：「任何值得做的事，就值得去把它做好。」這句話實在值得我們好好深思。許多人做一行怨一行，卻很少人反過來想，這難道跟自己消極的做事態度沒關係嗎？

有人也許會說：「我的工作既無趣又沒前途，所以才不想做。」這說法其實是本末倒置。你不先把工作做好，又怎麼可能離開這無趣又沒前途的工作呢？

我聽說，在日本泡茶招呼客人是一個很重要的儀式，客戶甚至從泡茶來推斷這間公司管理的好壞。

有位大學畢業的女孩，非常嚮往記者的工作，於是去報考新聞機構。她被錄取了，但是由於沒有記者的空缺，主管叫她暫時做為同事泡茶的工作。

對一個滿懷夢想的大學生來說，只為大家泡茶，心裡當然非常失望。

就這樣，幾個月過去，她開始沉不住氣了。「我好歹也是大學生耶！卻天天來為你們泡茶。」這樣一想，她泡茶就不像從前那樣愉快，泡出來的茶，也就一天不如一天了，但她並不自覺。

又過了一段時間，有一天，她泡好茶端給經理喝，經理喝了一口，就大罵起來：「這茶是怎麼泡的，難喝得要命，虧你還是大學畢業！連泡杯茶都不會。」

她真的氣炸了，幾乎哭了出來，「誰要在這個鬼地方繼續泡茶！」

她正打算當場辭職的時候，突然來了重要的訪客，必須好好招待，她只好收拾起不滿與委屈，想，反正要離開了，就好好泡一壺茶吧！

於是她認真地泡好茶。當她把茶端出去，轉身正要離開時，突然聽到客人由衷地讚嘆：「哇！這茶泡得真好。」別的同事、連那位罵她的經理都端起來喝，紛紛情不自禁地讚美：「這壺茶真的特別好喝！」

就在那一刻，她自己也呆住了。

想著，只是小小的一杯茶而已，竟然造成那麼大的差異，或被上司罵，或被大家讚不絕口，這茶裡顯然有很深奧的學問，我要好好去研究。

從此以後，她不但對水溫、茶葉、茶量都細心琢磨，就連同事的喜好、心情也細心體會。

很快的，她成為公司的靈魂人物，不久她被委以重任，因為老闆想：「泡茶時那麼細心專注的人，一定是很精明難得的人才！」

這讓我想起柯林・鮑威爾（Colin Powell）將軍的經歷。他的第一份工作是在飲料工廠拖地，但他決心不管到哪裡，都要做最好的。後來進入軍中，也繼續秉持相同的態度，因此到他退休時，已是官拜四星上將的美國參謀聯席會議主席。他回憶起在汽水廠拖地的經驗，說：

「有人跟我講了三個掘溝人的故事。

「第一個拄著鏟子說他將來一定會做老闆。

「第二個抱怨工作時間長、報酬低。

「第三個只是低頭挖溝。

「過了若干年，第一個仍在拄著鏟子；

「第二個虛報工傷，找到藉口退休。

「第三個呢？他成了那家公司的老闆。

「所以我打定主意，要做個最好的拖地工人。」他繼續說，「有一次，有人打碎了五十箱汽水，弄得滿地都是黏答答的棕色泡沫。我很生氣，但還是耐著性子抹乾淨地板。過了不久，工頭對我說：『你地拖得真乾淨。』

「第二年我被調往裝瓶部，第三年晉升為副工頭。以後我始終謹記這個道理：凡事全力以赴，總有人會注意到的。」

潮溼的火柴無法點燃。如果你對工作或某個事物已經沒了興趣，沒了那個心，當然很難表現出熱誠。這時候該怎麼辦呢？就先用假裝的吧！

「假裝」自己很重要。假如你很重要，你看起來會像怎樣？如果你知道自己很重要，你的行為會有什麼不同？

從現在開始，試試以熱誠的態度，表現出你的熱情；讓你走起路、說起話、行動起來都充滿熱情；讓周遭的每個人都覺得你熱情洋溢。來，深吸一口氣，抬起頭、挺起胸，展露你的笑容。就這樣，很快你就會發現一切都大有改觀，不單是你的生意、你的工作，就連你的生活、你的感情、你的人際關係，都會大大的不同。

世上沒有不重要的事，所有你正在做的事，都應該竭盡所能地把它做好。沒錯，既然要做，為什麼不高興一點去做？為什麼不把它做得更好一點呢？

要想不再當祕書的最好辦法，便是盡量把現任祕書的職務做好。

——職場名言

當初她是怎麼決定這麼做的？

——「做」與「有」的經驗，是從「是」產生出來的。

我們習慣的思考模式是having-doing-being（有—做—是），這是一般人普遍的認知。

要先擁有成功的條件，才付出努力，成為成功的人；要先得到愛，才願意付出愛；要先有足夠的錢，才去做善事；要先得到某些東西，才成為快樂的人。

但這樣的做法卻是本末倒置。若沒得到想要的東西，我們自然不快樂；若沒有先獲得能力，我們就不去努力；若沒有先得到愛，我們就不可能愛人；若沒有足夠的錢，就不去做善事。我們必須依賴「外在」的條件，這樣當然很難有所作為。

其實，正確的做法應該是把整個順序顛倒過來，變成：being-doing-having（是—做—有）。

「做」與「有」的經驗，是從「是」產生出來的。

為了說明，讓我們假設有這麼一個人，他認為，如果他再擁有多一點錢、多一點愛，或是解決某個問題，他就會快樂。

他沒有搞清楚他目前的「不快樂」跟這些經驗之間的關係。反過來說，如果他「是」快樂的人，不管做任何事都會快樂，他就更可能擁有希望得到的財富、關愛，和解決問題。

你必須先「是」，你的「做」與「有」才會展現出來。

我們再以最近剛被美國《時代》雜誌，選為最具影響力、時代百大人物之一的「英雄」陳樹菊女士為例。她在市場賣菜，但為什麼多年來她要省吃減用，好幫助兒童和孤兒，以及建立圖書館呢？

假如我們對陳樹菊女士說：「妳真傻，那麼辛苦賺來的錢，幹嘛捐給別人？為什麼不為自己多留一點，讓自己日子過得享受一些？」她會怎麼做？你想，當初她是怎麼決定這麼做的？決定之後又是如何堅持下去的？

沒錯，因為她「是」一位慈善的人。

反觀我們多數人，要等到自己有錢才開始做善事，恐怕一輩子也做不成。

我們常會擬定五年或十年計畫，期待能完成某個目標、達到某個理想，如此我們就會快樂，但這是誰規定的？

要快樂，不用等以後才做，直接表現出來就是了！你會發現心情立刻有了改變。你不必等到家庭或事業都完美了，或是所有的問題都解決了才能快樂。你不需要等到賺夠了錢，或是先生、太太、孩子改變了才快樂。不，你現在就可以快樂。

你不必費心去找「愛你的人」，你只要去做「有愛的人」，自然會有更多人愛你；你不必費心去「找」適合的人，你只要去「做」適合的人，那你想找的人自然會來找你。

要成功也一樣，你不必等到擁有什麼，而是要先讓自己在心態上成為一個成功的人，像成功者一樣思考和做事，然後你就能成功。

說一則「董事長和工人」的故事：

某個大熱天，一群人正在鐵路的路基上工作，有輛列車緩緩開了過來，他們只好放下工作。

火車停下後，最後一節特別裝有空調設備的車廂窗戶忽然打開，一個友善的聲音從裡面傳出來：「大衛，是你嗎？」

其中有位工人回答說：「是啊，吉姆，能見到你真好。」

寒暄幾句後，大衛就被鐵路公司的董事長吉姆・摩菲邀請上了火車。經過一個多小時的閒聊後，兩人握手告別，火車才開走。

這群工人立刻包圍著大衛，都對他居然是這家鐵路公司董事長的朋友而感到驚訝。

大衛解釋說，因為二十年前他跟吉姆都在鐵路公司上班，所以才會熟識。

有人便半開玩笑地問大衛：「那為什麼你還在大太陽下工作，而吉姆卻成為董事長？」

大衛的回答說明了一切，他說：「二十年前我為每小時一‧七五美元的工資而工作，但吉姆‧摩菲卻為鐵路事業而工作。」

同樣為鐵路公司工作，為什麼有人還是工人，有人卻當上董事長？

同樣在市場賣菜，為什麼有人還是菜販，有人卻成了最具影響力的慈善家？

是的，重要的不是「你做什麼」，而是「你是什麼」，將決定「你有什麼」。

你必須要先「是」；你要先是慈善的人、有愛的人、快樂的人、富足的人、成功的人……，然後你自然會去「做」一些事情。不久後，你將發現你所做的會回過頭來帶給你一直想要「有」的東西。

這就是「是—做—有」的人生法則。

如果你建好了（球場），他們（球員）就會出現。

——出自電影《夢幻成真》（Field of Dreams）

你想擁有什麼？

——讓自己活在已經完成心願的喜悅之中，就是心想事成最快的方式。

創造事實最快的方式，不是做什麼，而是先「是」什麼。

啟動這個創造程式，是先看清你想要的是什麼，接著問你自己如果你「有」那個東西，你的意象「是」什麼，然後直接「是」那個樣子。

你的夢想是什麼？成為重要的人？首先你必須覺得自己「已經」是一位重要的人，然後再以這種身分去思考問題、做事情，然後你就會變成那樣的人。

你想擁有什麼？健康的身體？漂亮的房子？還是得到某個職位？首先你必須覺得自己「已經」擁有。從內心真實地去感受，當一切如願以償、想要的已經擁有、想做的已經完成，那是什麼感覺？你越興高采烈、充滿期待，就越快夢想成真。

在《失落的幸福經典》一書中有個故事：

一個身無分文的流浪漢在街上被一位旅人攔下，並對他說：「我的朋友，看你這麼窮，這個金塊給你。賣了它，你就會一輩子有錢了。」

流浪漢為自己的好運開心不已。他把金塊帶回家後，找到了工作，並因此越來越有錢，所以一直沒有變賣金塊。幾年後，他成了大富翁。

有一天，他在街上遇見一個乞丐，便叫住他說：「我的朋友，我把這個金塊給你，如果你賣了它，你就會一輩子有錢。」這個乞丐拿了金塊，去找人估價，結果發現那只是塊不值錢的黃銅。

這兩個人最大的差別在哪裡？第一個窮人後來會致富，是因為他覺得自己富有；而第二個乞丐並不覺得。

先有意象，彷彿你「已經」是那樣，然後就真的會變成那樣。這方法也適用在你想得到的任何事物上。

要注意的是，意象並不光只是想像，還同時包含情感。

情緒是有力量的。情緒有創造力，能創造我們想要的，也能吸引不想要的事物。

有些人感到疑惑，「我想要某個東西，也常想著它們，但為什麼一直沒有得到？」還有人常會懷疑，「為什麼我常祈禱，卻沒得到回應，有時情況還變得更糟？」

關鍵就在情緒。每種情緒都涉及兩個面向：一是你想獲得什麼，二是你得不到什麼。負面情緒源自於「我沒有某種東西」、「我永遠也不可能擁有某種東西」，而這些想法根本就與你的「原始意圖」背道而馳。

我們就拿「愛」和「錢」來說，多數人想到「愛」，感受到的常是無法擁有的挫折和沮喪感；伴隨「錢」而來的，多半是焦慮和匱乏的感覺，這也就是為什麼得不到的原因。

有所求的祈禱之所以無效，是因為當我們要求某種東西時，就是在表明自己目前沒有那樣東西。而負面的情緒是不可能吸引到「擁有某樣事物和感覺」的。

正因為如此，許多先知才提醒我們不要去要求，要學習多感恩。我們常見到一些表面上看起來並沒有什麼好感激、卻為了人生的賜予而充滿感激之情的人。他們其實是在創造。因為當我們去感激，就表明已經處於「是」的狀態，使得感激的事物在我們的日常生活中出現。

有趣的是，你並不需要有任何特定的事件發生，來獲得感恩的心情，你所需要做的只是去感受而已。感恩越多，隨著那種感覺增長而來的好心情，就會吸引更多好事。

吸引力法則近年來引發熱潮，然而大家在使用這個法則時，常將焦點放在自己害怕失去的事物上，那是反向的做法。你越害怕的東西，你就越會經驗到。這點我在《所以，你也要發正念》一書中已有詳述，當心念集中在你已經注入情緒的事物上，便會產生相同的震波，接著同類的事物就會被吸引過來。

同樣的，快樂的情緒也可以吸引我們想要的東西。在《祕密》一書裡，作者朗達・拜恩即寫道：

我要讓你進入《祕密》的祕密。要得到人生中想要的一切，其捷徑是現在就快樂和覺得快樂。這是為你的人生帶來你想要的錢和任何事物最快的方法。

不管你要什麼，背後都有一股對快樂的渴望，不是嗎？這是吸引力法則的基礎。

所以記住了：從現在開始，注意你內在的目標——保持快樂的心態，然後讓自己活在已經完成心願的喜悅之中，很快你就會心想事成。

所有好事發生在天性開朗的人身上。

——十八世紀法國哲學家，伏爾泰

為什麼不選擇快樂？

——我總是選擇喜樂。從那時候起，我便成為喜樂的。

有次，我到美國開會，下榻長堤的一家旅館。出門前我請旅館派人清理房間，進來的服務生洋溢著春風般的微笑說：「早安！先生！」

「早！」我隨口問他，「你好像很開心。」

「是啊！」他咧著嘴，露出一口潔白的牙齒。「我擁有一份很好的工作。我能為您倒杯咖啡嗎？」

「喔，不了，我正準備要出去。」

他接著說：「今天天氣很棒。」

「可是我聽天氣預報說今天可能會下雨。」

「是啊，能下雨真的很棒。雨水可以滋潤大地、洗淨塵埃，不是嗎？」看他笑容可掬的樣子，讓我整個心情都好了起來。

隔天我照例請旅館派人清理房間，進來的是另一個服務生。我說：「早安。今天雨還在下嗎？」一開始他什麼也沒說，面無表情，直到我走出房門，他才有氣無力地說：「還在下雨，到處都溼淋淋的，真煩！」

我愣住了。同樣雨天，同樣工作，兩個人為什麼完全不同？

你可能正走在人生的低谷，或者最近遇到許多煩心的事，你有很好的理由讓自己不快樂。但是，一直不快樂並不會讓情況好轉；負面消極或是怨天尤人也不會讓事情變順利。那為什麼不選擇快樂？

快樂是一種選擇。我們確實是自己選擇的，就好像用顏料和畫筆在人生的畫布上作畫，但是我們隨時可以更換顏料。我是說真的，在畫到一半的時候，我們可以說：「不，我用太多藍色了，我想換紅色。」我們可以在原來的畫布上創造出一幅新的畫作。

每天早上起床，你可以選擇快樂，然後享受接下來的一整天；或者，你也可以選擇不快樂，然後一整天鬱鬱寡歡。決定權在你。

作家法蘭克・柯斯特（Frank Kostyu）曾提到一位朋友的經歷。

那是一個陰冷潮溼的早上，他心情沉重地正準備要去上班，住在他隔壁的鄰居恰巧也要出門，看到他便開朗地和他打招呼：

「嗨！吉爾先生，今天真是個好日子！」

他聽到，便抬起頭環顧一下四周，瞥見許多樹木尚帶著秋天的色調；聞到清新涼爽的空氣。

他的心情稍轉開朗，回道：「是呀，今天是個好日子！」

於是他大步向前，經過街角的理髮店時，他和店裡的師傅們愉快地打招呼：「今天真是個好日子！」

師傅們微笑回道：「的確是。」

當他到達自己的店裡，他對店員們說：「今天真是個好日子！」大家都抬頭看他，展顏微笑。

那天，不論他到哪裡，都為別人帶來喜悅、快樂的氣息。傍晚，當他下班回到家，他對太太說：「今天真是個好日子。起初有點陰沉，可是一會兒之後，每件事似乎都有了轉機，接著一整天都神采飛揚了起來。」他太太也感染到他的好心情而快樂起來。

有一位蘇菲神祕教派的導師，他每天都活得很快樂，甚至當他年邁、躺在床上將死之際，仍然高興地笑著。他的門徒問他：「現在告訴我們祕密吧，我們已經在您身邊有五十年之久，但我們從未看過您不快樂的樣子，您是怎麼辦到的？我們從祖父輩那裡聽說您年輕時是一位很嚴肅、不苟言笑的人，到底發生了什麼事？您是如何變得如此愉快的？」

他說：「他們說得沒錯，我直到三十歲之前，都是一個非常嚴肅且不快樂的人，然而，有一天早晨，我心想：『我在幹嘛？我為什麼要這樣折磨自己？我為什麼要浪費我的生命？今天，我要試試看，只是試一下，讓自己快樂一點。』我試了，而它竟然有效。所以從那天起，每天早上我一醒來，便問自己：『你今天要什麼？你要悲傷、嚴肅、沮喪嗎？或是要喜樂？』而我總是選擇喜樂。從那時候起，我便成為喜樂的。」

他是對的。高興也要面對，不高興也要面對，為什麼不快樂去面對？哭也是一天，笑也是一天，為什麼不微笑去面對每一天？

我們不是讓自己活得悲慘，就是讓自己活得堅強，兩者所花的力氣是一樣的。

——作家，卡斯特納達

我為什麼做吃力不討好的事？

——假如你不做，你就不是你。

你有沒有這樣的經驗，對某人付出，對方卻不知感恩，還視為理所當然？你以善意對待，對方卻不那樣待你？

在這種情形下，當然你會覺得不值得，你會想：「你當我是誰啊！」但假如你的反應是依據別人的行為，那你又是誰？這問題你想過嗎？

我們會覺得，如果別人不感恩圖報，我們為什麼還要為他們付出？我們為什麼要做吃力不討好的事？

關於這點，我的看法是：我們有自己的原則和堅持，那是因為我們知道「我是誰」，所以才會這樣做，這跟別人如何回應無關。

曾有位讀者寫信給我，說她對一個男人不斷付出，但他始終拒絕回到她身邊，她問：「如果我繼續付出，卻沒挽回這段情感，那該怎麼辦？」

這就是沒弄清楚「我是誰」。當我們為某人做某件事時，我們應該是出於自己內心的反應而做，而非為了希望得到對方的回應而做。我們的作為是「我們真正是誰」的體現，如果我們懷疑某件事或某個人值不值得自己去付出，那根本就不該去做。

感情最讓人負擔的，莫過於有人一直把他為你做的事掛在嘴邊。聽到一大串自己欠下的恩惠、對方的犧牲和付出，確實讓人難以消受。曾經是美好的禮物，如今卻變成了索取回報的工具，要你付出代價，這會讓人感覺像是一場精心策畫的騙局。

所以，我建議她只要「做自己」就好。如果她想繼續付出，那就繼續，千萬不要求回報。也許他會發現自己錯失了這麼好的人；說不定最後他會回心轉意。

沒有人會討厭為自己付出的人，除非我們的付出是有所求的，否則對方為什麼不喜歡？

當我們付出時，一般都會認為是「為別人」，很少人會認為是「為自己」，這就是問題所在。我們只要認為自己是「為別人」，就會有期待。舉例來說，「我為公司打拚、為公司帶來利潤，應該得到加薪和晉升」；而「為自己」則是對自我的期許，例如，「我是個有能力的人，我能為公司解決問題、創造利潤，並且提供客戶最好的服務」。最美妙的是，當你不再期待回報時，反而能得到正面的結果。

我們做任何事都應該把「為別人」轉變成「為自己」。在感情上或人際關係上也一樣。如果我們把付出或給予當成對自己的期許，那我們就永遠不可能吃虧或受騙。如果有人拿了我們的東西，或是接受我們的付出和給予，他們是在提升我們，他們是在幫我們實現人生目標，我們應該感謝他們。

你要清楚自己是什麼樣的人。

當我沒把重點放在自己是誰時，常會有不知為誰辛苦、為誰忙的感覺，努力付出只會讓自己疲憊、沮喪和憤怒。後來，我發現我越是清楚自己想要成為什麼樣的人，就越不計較、不比較，因為那就是我。

我們越清楚自己是誰，就越能把問題變成：我是這樣的人，因此我會去做那些事情，起碼我在某種程度上情願去做它。

就像許多當義工的人，他們甚至會選擇別人看來非常辛苦、非常厭惡的事。只要在我們心中覺得這就是自己；這就是我們一生想要表達自己的方式，那一切都不成問題，即使別人不感激也沒關係。

情緒可以顯示出「真正的你」與「虛假的你」之間的落差。

如果你做任何事，是與「真正的你」一致，你就會感覺到喜悅等正面情緒；反之，當你做某些事時，會感覺到憤怒、沮喪，或者任何負面情緒，就表示那是「虛假的你」。

如果你為某人做事最後會不快樂、覺得不值得，那是因為你並不是那樣的人。

德國哲學家歌德說得對：「成為某種人，才合適做某種事。」

假如你知道自己真正是誰，你就不會在乎別人知不知道你做了什麼好事；記不記得你做過的好事，更不會因為沒得到回報就不做了。

雪佛貝利公爵寫過以下的妙語：我行善並不是為了讓他人看見，而是為了自己。這就像我不是為了讓人知道我的整潔而清洗自己，而是為了自身的整潔。

是的。

做好事，只是為了你要做好事。

做好事，只是因為你就是你。

做好事，只是因為這是你生命意義的來源。就算沒有人知道，就算知道的人轉眼又忘記，你還是堅定不移。

因為，假如你不做，你就不是你。

從對他人的不快中，可以得到自我省察的機會。
——分析心理學派創始人，卡爾‧容格

何必拿自己跟他比？

——你想擁有的是你欠缺的，你給予的是你擁有的。

人都習慣比較。你去看一個公司、一個家庭為什麼不和睦，都是因為比較，所以事事變得計較，計較多了，彼此的心結也就多了。

我認識一位朋友，他必須長期照顧病痛纏身的老父。他的四個兄弟姊妹把父親丟給他一人照顧，沒有提供任何協助，頂多出張嘴巴。他對幾個手足滿心忿怨。我能說什麼呢？如果我跟他用同樣的眼光看事情，當然會責備他手足的不是。所以我請他試著反過來想：「你希望自己跟他們一樣嗎？」

還有一個學弟，他覺得心裡很不平。因為他哥哥除了缺錢或有事需要幫忙，幾乎不回家探望父母，就連問候的電話都沒有。「我實在搞不懂，」他說，「為什麼我的父母還那麼關心他、不斷幫助他，他們根本是偏心。」

「你的父母照顧他是因為他無能。」我說，「何必跟一個比你糟的人計較呢？」

他是他，你是你，如果你不齒他的作為，又何必拿自己跟他比？

給得起，能夠給，代表你擁有，代表你有能力，這都表明「你是誰」。而當你如是表明，你將擁有更多。反過來，如果你去計較，心胸會越來越窄，格局越變越小，擁有的也將越來越少。

或許有些人會說：「可是有人錙銖必較也很發達，也過得很好呀！」不，那只是表面上。只要一個人計較，就不可能快樂；他可能在短時間內看似發達，但當他得到不該得的，就會在別的地方失去；我們奪取別人的，其實是在奪走自己原有的。

有人喜歡占便宜，但當我們拿了不屬於自己的東西，就等於是表明，我們並不覺得自己有獲得好東西的價值，所以也就得不到更好的東西。相反的，有人多付出，看起來好像吃了虧，然而吃虧就是占便宜，這到最後就會知道。

說一則故事：

河邊一個村落的某戶人家，住了一對兄弟，他們的性格截然不同。哥哥很精明，弟弟很老實。某天，颱風來襲，暴漲的溪水沖垮了堤防、淹沒了村落，兩兄弟不幸在這場意外中死亡，一起到閻王殿報到。

閻王查核兩人的一生，宣判，「你們兩人生前都沒做什麼壞事，可以轉世為人。」閻王又翻翻《生死簿》，「現在有兩個投胎的機會，你們可以自由選擇。」

精明的哥哥說：「敢問閻王，這兩個機會有什麼差異？」

閻王回答：「一個注定一生都要拿人好處，另一個注定一生都要給人好處。你們誰先選？」

「我先！」哥哥急忙說，「下輩子當個拿人好處的人，當然比較好啊！」

閻王看看弟弟，弟弟點點頭說：「沒關係，就讓大哥先選吧！我下輩子願意當個給人好處的人。」於是閻王便答應了兩人的要求。

不久後，兩兄弟果然投胎轉世。哥哥生在一戶乞丐家，從小就當乞丐，果真一生都在「拿人好處」；弟弟生在一戶樂善好施的富豪家，時常布施，果然一生都在「給人好處」。

上天偏愛老實人？

說來奇怪，甚至弔詭，不過卻是事實。這是宇宙的法則——你想擁有的是你欠缺的，你給予的是你擁有的。

當我們將某個東西給出去，這行為本身就使我們感覺到我們有這樣東西，可以給出去。於是，這個想法變成了我們的經驗。而一旦我們開始「是」某一個情況，我們就創造了實相。老實的人付出不求回報，不計較，反而傻人有傻福，道理就在這裡。

我們周遭有一些忌妒心非常強的人。他們若看到有人幸福興旺，不但不會為這人高興快樂，反而會設法挑剔。而這樣的心態又再次創造自己「是」匱乏、欠缺的實相。

還有些人，給予他人的只是一個計謀、手腕，意圖得到某些好處，然而自己的心裡明白，所以等於是給它一個訊息，表示我們現在沒有這些事物。不願分享自己所擁有的，自然也就感受不到；感受不到，也就得不到。

是的，我們不願付出的，正是我們無法獲得的；我們所付出的，卻會加倍回饋給自己。如果你想擁有更多，就從付出做起吧！

我們每個人都應該信兩種「教」，那就是不比較和不計較。

——聖嚴法師

你有被利用的價值嗎？

——要想得到別人得不到的東西，就得付出別人不願意付出的東西。

人很怕吃虧，各行各業的人都抱怨別人搶了功勞，而自己沒有得到應得的待遇；要不就是別人把分內的事丟給你，覺得自己被利用，覺得不公平。可是我希望你了解，這個世界是公平的，你多付出，最後都會回給自己。

聰明的店家都知道，如果客人買了幾樣東西，就送一點東西當回饋。如果買一斤的糖，店家會小心地秤好一斤糖，然後再加進一小杓。為什麼？因為「多給一點」，這樣顧客就會多來幾次。

聰明的員工也知道，對顧客、老闆與公司，要做的比說的多；給的比期待的多。因為多數人都只做分內的事，只要你「多做一點」，就會給人留下好印象，你的口碑很快就會散播開來。

有一個公司老闆聘用了一個年輕人做自己的司機，年輕人只領取屬於自己的那分酬金，但可貴的是，這年輕人常主動為老闆分勞，處理公司的事情。這麼一來，他對公司的業務也了解了很多。

漸漸的，每當老闆有事情脫不開身時，就讓他代為處理。他還在下班後回到辦公室幫忙，不計報酬地做一些並非自己分內的工作，而且越做越好。

有一天，公司負責行政的經理因故辭職，老闆自然而然地想到了他。在沒有得到這個職位之前，他已經身在其位了，這正是他獲得這個職位最主要的原因。

如果不是你的工作，而你做了，這也許就成了你的機會；

如果不是你的責任而你扛起來了，也許就有機會擔負更重要的職位；

如果不是你的服務對象，而你去服務了，你服務的對象就會變多，服務的對象越多，成就也就越大。沒錯，你關心的範圍有多大，你的世界就有多大。

一個人為什麼地位崇高，因為他服務的人數眾多；一個首相、一個大企業的執行長為什麼位高權重，因為他服務的人數眾多；一個好萊塢的明星為什麼片酬很高，因為他服務的人數眾多……。

你對別人的服務，是決定你成功與否的關鍵。你地位的高低和你收到的報酬多寡，跟你提供的服務價值成正比。

所以，每個成功致富的人都在思考，如何增加自己服務的人數，如何創造被利用的價值。

一直以來，我們常認為被人利用是吃虧，覺得受騙。但那只是感覺而已，如果你深入去看，在很多地方，特別是在職場上，能被利用是很幸運的一件事。

因為能被利用，表示你有「利用價值」；表示你是個有能力的人，你是個熱心的人，你對他人有利，他人才利用你。

想想，我們為什麼要讀這麼多書？為什麼要花時間和金錢去獲取學位和證照？為的就是要增加自我被利用的價值，不是嗎？

所以，當我們被利用時，應該要感恩，感謝人家看得起你。

我常想，假使有一天，當我再也沒有被利用的價值時，是不是也代表我活得沒價值呢？

我很認同蕭伯納的看法，他說：「人生最大的樂事，就是好好的、有意義的、自然的被利用，而非自私自利、自怨自艾，感慨世界沒有帶給我快樂。」

你想得到什麼，是快樂、成功，還是財富？別忘了，要想得到別人得不到的東西，就得付出別人不願意付出的東西——永遠比別人多付出一點。

當你對這個世界的服務，遠超過這個世界對你的服務，就是成功。

——汽車大王，亨利・福特

你希望別人怎麼待你？

——你希望自己有的，就祝福他人；你不希望給自己的，就不要給別人。

人生是個「回力棒」，你所送出的，都會得回來。

如果你對人惡言相向，別人也會對你惡言相向；如果你傷害別人，哪天別人也會回報給你。反過來，你關心別人，別人就會關心你；你祝福別人，別人也會回以祝福。

有位苦惱的雜貨商來找一位智者，告訴他，他的店鋪對面有人開了一家很大的連鎖店，會害他關門大吉。如果失去這家店，他就走投無路了，因為他沒有其他的謀生技能。

智者說：「如果你害怕那家連鎖店的主人，就會憎恨他。憎恨就是你的末路。」

「那我要怎麼辦？」困擾的雜貨商說。

「每天早晨從你自己的店，走上人行道，為你的店祝福，希望它生意興隆，然後轉身面對那家連鎖店，也為它祝福。」

「什麼？為跟我競爭、毀滅我的人祝福？」

「你對他的任何祝福，都會反回來對你有益；你對他的任何詛咒都會毀了你。」

六個月之後，雜貨商回來報告說，如同他所預料的，他的店關門大吉了，但他現在卻在經營那家連鎖店。

這就是為什麼耶穌說：「愛你的敵人，為你的仇人祈禱。」每當你怪罪別人的時候，便是將自己牢牢鎖在自恨的牢籠裡；不肯讓別人好過的人，自己必定難過。因為無論你對他人做出什麼樣的事，都會回到你身上。

你恨任何人或任何事，事實上，你恨的是你自己；相同的，你愛任何人或任何事，事實上，你愛的是你自己。因為你所愛的和你所恨的，都會得回來。如果你不再為自己製造怨恨，就不會為他人創造怨恨；如果你開始友善，周遭的人也會跟著友善起來。

一位護士說得好，每當我感到人們不對我微笑時，我就開始笑著跟別人問好，然後，非常神奇的，我的周圍突然多了許多微笑的人。

有一個牧場主人養了許多羊。他的鄰居是個獵戶，院子裡養了一群凶猛的獵狗。這些獵狗經常跳過柵欄，襲擊牧場裡的小羊。

牧場主人幾次請獵戶把狗關好，但獵戶不以為意，口頭上答應，可沒過幾天，他家的獵狗又跳進牧場橫衝直撞，咬傷了好幾隻小羊。

忍無可忍的牧場主人找鎮上的法官評理。

聽了他的控訴，明理的法官說：「我可以處罰那個獵戶，也可以發布法令讓他把狗鎖起來。但這樣一來你就失去了一個朋友，多了一個敵人。你是願意和敵人作鄰居呢？還是和朋友作鄰居？」

「當然是和朋友作鄰居。」牧場主人說。

「那好，我給你出個主意，照我說的去做。不但可以保證你的羊群不再受騷擾，還能為你贏得一個友好的鄰居。」法官如此這般交代了一番，牧場主人連連稱是。

一到家，牧場主人就照法官說的，挑選了三隻最可愛的小羊，送給獵戶的三個兒子。

看到潔白溫順的小羊，孩子們如獲至寶，每天放學都在院子裡和小羊玩耍嬉戲。

因為怕獵狗傷害到兒子們的小羊，獵戶做了個大鐵籠，把狗鎖了起來。從此，牧場主人的羊群再也沒有受到騷擾。

為了答謝牧場主人的好意，獵戶開始送各種野味給他，牧場主人也不時用羊肉和奶酪回贈獵戶。兩人於是成了好朋友。

你會想到他，因為他總是想到你；他會想到你，也是因為你總是想到他。人都是互相的。你希望自己有的，就祝福他人；你不希望給自己的，就不要給別人。

別忘了，你給出去的，都會回到你身上。

你們願意人怎麼待你們，你們也要怎麼待人。

——〈馬太福音〉七章十二節

你渴望成為某人嗎？

——我們心中所渴望的對象、所羨慕的人，其實是我們最想成為的自己。

曾看過一則很有意思的汽車廣告。

小時候，爸爸總是在工作，我的活動，他總是缺席。

那天，一個人出現了，陪我釣魚、陪我玩球，還幫我修搖控車，

我一直想知道，小時候陪伴我的那個人究竟是誰。

現在，我終於明白，他是我想成為的爸爸。

就像這則廣告一樣，你可曾注意過某個人，並想著：真希望自己也有這樣一個好爸爸、好媽媽、好伴侶、好情人、好兄弟……。極有可能，這位你所渴望的人，就是你渴望成為的人。

換句話說，那不是你渴望擁有的人，而是你內心想成為的人。

有位研究生剛結婚不久，沒想到太太懷孕了，他很焦慮，「我不知該如何同時伴演好爸爸和先生的角色？」

「不難，」我告訴他，「你渴望自己有怎樣的爸爸和配偶，然後照你渴望的去做就可以了。」

這就是重點所在。渴望自己有怎樣的伴侶，就已為我們提供了做好伴侶的意象；希望自己有怎樣的父母、兄弟姊妹，就已為我們提供了做好父母、好兄弟姊妹的意象。你只要以此類推。

幾天前，恰巧讀到一則小故事，講的是一位先生在聖誕節得到哥哥送他的新跑車。車子相當漂亮，停放在門前。當他準備開著新車去兜風的時候，發現車子旁邊有個七、八歲的小男孩圍著車子轉，眼睛貪婪地看著車子，一會兒用手摸摸車身，一會兒摸摸輪子。

這位先生走過去，男孩問：「先生，這是你新買的車嗎？」

他說：「不是，是我哥哥送給我的聖誕禮物。」

男孩的眼睛立刻放出異彩，大聲喊道：「哇！是你哥哥送你的啊！」

得到肯定的回答後，男孩感嘆道：「我多麼希望……」

這位先生想，接下來的話一定是：「我多麼希望也有這樣一個哥哥啊！」

沒想到男孩的話卻出乎他的意料，男孩說：「我多麼希望我也是這樣的哥哥啊！」

男孩意外的回答讓人感動，他決定帶這個男孩一起去兜風。男孩興奮地上了車，並提出一個請求，說：「先生，您能不能在另一條街停一下？」

這位先生按照男孩的請求在另一條街的一間房子前停下來。男孩飛快地跳下車跑到房子裡，一會兒從房子裡背出一個四、五歲的小男孩。他把男孩放在門前的臺階上，高興地介紹說：「這是我弟弟！」

這位先生看見，他弟弟雙腿嚴重殘疾，不能走路。

男孩興致勃勃地對弟弟說：「弟弟，你看，將來我要給你買的就是這麼一輛漂亮的車。你快看！」

你渴望有怎樣的兄弟、父母、孩子、伴侶、朋友？而你自己又是怎樣的兄弟、父母、孩子、伴侶、朋友呢？這個問題你想過嗎？

你想認識某個人，還是希望自己就是那個人？

有一天你終會明白，我們心中所渴望的對象、所羨慕的人，其實是我們最想成為的自己。

如果你知道一個人的榜樣是誰，就能判斷那個人未來會如何，因為他所景仰的人所具備的特質，就是他可以學到的習慣與行為。

——金融鉅子，華倫・巴菲特

你想顯現什麼給對方？

——你只要做自己，並盡力呈現自己最好的樣子，剩下的就不是你的事了。

在每種關係裡，每個人都在顯現自己。比方說，有人傷害你，你可以顯出你的憤怒；有人稱讚你，你可以顯出你的喜悅；有人愛你，你可以顯出你的愛；有人拋棄你，你可以顯出你的痛恨。再進一步說，有人背叛你，你可以反目成仇，也可以寬大為懷；有人煩躁不安，你可以顯出焦慮煩躁，也可以顯出心平氣和，甚至去安撫對方。

關係的目的，決定你喜歡看到自己的哪個部分顯現出來；關係的好壞，則看你在關係中顯現出什麼樣的自己。如果顯現出好的部分，關係就往好的方向發展；反之，關係就越來越糟。

當戀愛時，你覺得美好，那是因為你看到自己顯現出美好的一面；而交往久了，你顯現出越來越多的陰暗面，相愛就變成了相怨。

你常會氣你的先生、太太、愛人，跟你越親密的人，你越容易對他們生氣，為什麼？你氣的其實是一面照出你自己的鏡子，你氣的是對方把你顯露出來。

人對自己都有一個「理想藍圖」，當自己的言行不符合這個期待時，我們就會隱藏它們，而這隱藏的部分就成了我們的陰影。當有人揭露我們亟欲隱藏的陰暗面時，我們便會惱羞成怒。

所以，當所愛的人讓你生氣、不好過時，你不是要去對抗，而是把它當作一面鏡子，從中找出自己還有哪些地方需要修正。只要知道這點，整個情況就會完全不同。

過去我們總看到別人對我們做了什麼，沒看自己做了什麼；而現在你知道了，你會看自己，你想成為怎樣的人，你想顯現自己哪些最好的品質。

比方說，你想做個體貼、有胸襟、有修養的先生，或細心、有包容力的太太，這是你對自己的期許，是你想在婚姻關係中顯現的樣子。那麼你只要盡力呈現自己最好的一面，剩下的就不是你的事了。

反過來，當你忘了自己想成為怎樣的人，而去管對方要成為怎樣的人，要求對方應該這樣、那樣時，關係就會越來越糟。

有一則鵝卵石的故事。

地震過後，幾顆有稜有角的石頭，從山壁滑落到溪中。

有些石頭不願向前，它們不高興地說：「我在這裡過得好好的，才不要改變呢！」於是它們選擇沉入溪中。但有幾顆石頭決定隨著溪水，向前探索。

不知經過幾個月漫長的旅程，石頭們從上游滾到下游，終於來到水流平緩的小溪。

它們你看看我，我看看你，突然有顆石頭感觸良多地說：「我們的模樣都改變了呢。」

「是啊，」另一顆石頭接口說，「我們經過這段旅程，稜角都不見了，已經變成鵝卵石了呢！」

石頭們異口同聲地感嘆道：「河水的力量真是大啊！」

就在此時，一直靜默不語的河川突然開口了：「不，你們搞錯了！你們之所以變得圓滑，不是因為水流，水流只是將你們帶走罷了。是因為你們一路上互相碰撞、砥礪，最後磨去了彼此的尖角。」

是的，決定關係好壞的，不在對方，而在你自己。關鍵是你要成為怎樣的人，或是你在關係中想顯現什麼給對方看。就像石頭一再磨掉自己的尖角，就成了鵝卵石一樣，只有不斷修正自己，才是關係圓滿之道。

別人是誰，在做什麼、有什麼、說什麼……，根本與你無關。唯一有關的是，在那些關係裡，你是誰。

——《與神對話》作者，尼爾・唐納・沃許

去做，真的就有用嗎？

——你無法尋求你已經擁有的，也無法尋找你已經在的地方。

有一個哲學家做了一個夢，夢見自己在路上看見兩扇門，一扇門直接通往「愛和天堂」；另一扇門通往一個大廳，那裡正在進行一場演講，主題是「愛和天堂」。

哲學家沒有絲毫遲疑地打開第二扇門，衝進去聽演講。

這是一則意味深長的笑話，在人生裡，我們似乎總是這樣，總是在尋求，而不真正去做。

我的一個學生曾希望我幫他介紹女朋友，他說：

「我一直在尋找理想的對象，你可不可以幫我找找？」

他描述他理想的對象，要溫柔、大方、樂觀、善解人意、有愛心。

聽了之後，我告訴他：

「你在找一個好女人，而這個好女人也在找一個好男人，你是那個好男人嗎？你也具備理想對象的特質嗎？如果不具備，先培養出這些特質，只要你具備了，就會有很多好女人被你吸引。」

一朵充滿花蜜的花，不需要請求蜜蜂為它傳授花粉，蜜蜂自然會蜂擁而來。

許多人一輩子都在尋求，尋求完美的伴侶出現、尋求圓滿的結果、尋求理想的生活到來。但尋求本身並不能發生什麼，除非你真正去做。

當我這麼說，有人總會問：「去做，真的就有用嗎？」

蜜蜂在採花粉時，難道是存心為花朵傳遞花粉嗎？不是，牠的目標是花蜜，可是在採集的過程中，腿上不免沾上花粉，等再飛到其他花朵上時，神奇的連鎖反應就產生了，結果是滿山萬紫千紅。

所以——

在人生裡，如果你尋求愛人，不應該去尋找，而是要做你尋求的愛人。

在人生裡，如果你尋求幸福，不應該去找尋，而是要成為人們的幸福之源。

在人生裡，如果你尋求快樂，不應該去追求，因為快樂是你製造出來的；是你所成為的；是你所分享出去的。

如果你在尋求歡笑進入你的生活，當你走進房間時，將歡笑帶進去。

如果你想成仙成道，不應該去求神拜佛。神佛不是被崇拜或祈求、而是必須成為的對象。如果你還無法做到，那就效法神佛的思言行，然後你就會越來越認識自己的力量。

不論你想發揮哪部分的特質、呈現哪種意象，就表現出來，因為它原本就存在，只是等著你去發掘。你就是善，你就是和諧，你就是喜樂，你就是愛。你不用變成什麼才去愛，愛本來就在我們身上。

高靈伊曼紐說：「要意識到自己的愛，僅僅就是去愛，然後看看有什麼變化發生。你們會看見燃起熱情的面孔，所居住的城市也會變得安全起來。感受一下世界上的善意，不需要說任何一件事，愛的力量會改變每一個人。」

是的。

沒有什麼比你在付出時更像上帝，

沒有什麼比你在寬容時更像佛陀，

沒有什麼比給人幸福時更感受得到幸福，

沒有什麼比愛更能吸引和改變一個人，

沒有什麼地方比你在歡樂時更像天堂。

一旦你選擇做那樣的人，尋求便會結束。因為你無法尋求你已經擁有的，也無法尋找你已經在的地方。

最重要的並不是我們有多少想法，而是我們付出了多少愛。因此，要多做一些足以激發你的愛的事。

——聖 德蕾莎修女

何權峰作品集

編號	書　名	內　　容	定價
001	展現最好的你	「路，是無限的寬廣；人，則充滿了無限的可能。」所以，無論自己的未來藍圖為何，相信自己，只要堅定地朝目標持續邁進，夢想就在不遠處等著你。	220
002	回歸自然心靈	清心可以開朗、寡慾可以無憂、單純可以喜樂、知足自然富足。讓我們一起以人為本，以自然為師，淨化心靈、放下物慾、簡化生活、回歸真我、返歸自然，進而達到知性的真，理性的善，感性的美。	200
003	心念的種籽	在《心念的種籽》中，作者跳脫一般的説教，以説故事的方式帶領人心，更能讓讀者從本書中獲得智慧與啟示。	200
004	生活就像馬拉松	馬拉松賽者最怕遇見「撞牆期」，選擇面對的方式是：調整呼吸慢慢跑， 或乾脆停下來用走的，等突破了瓶頸後，再重新開跑。	200
005	笑哈哈過苦日子	日子就像芥菜入口的滋味，有淡淡的苦味，如果拌上好的調味料，就會是一道美味的菜肴。這樣的日子雖然清淡，但如果不忘每天一笑，不僅可以延年益壽，還可以返老還童哩！ 來！笑一個吧！	199
006	就靠這一次，人生急轉彎	從生命降臨人間的那一刻起，我們就到達了人生的起點，順著自己的目標往前走，遇到岔路時請記得向右轉，就可以找到一帖讓人生豐富和滿足的處方簽。	179
007	每10秒鐘一個幸福	這是一本似非而是的書，其中充滿了許多大師的妙論，平易中顯哲理，談笑中見智慧。每一篇章正猶如禪宗裡的一首偈，讓人茅塞頓開，有著撥雲見日的領悟。	192
008	有這麼嚴重嗎？	這本書不是要大家膚淺地記一堆笑話，也不是不負責地要大家一味地往好處想，而是希望在笑談中讓你得到了悟，在了悟的過程中得到歡樂，因此在文章裡面作者加入許多幽默笑話及妙語，讓你讀起來更有味道。	180
009	人生幸福，每一項都在拼圖	將近一百個生活哲學、簡單的小故事中，説出人生的大道理，讓你的生活注入活泉，永遠不會乾涸。	200
010	別扣錯第一顆釦子	不了解問題的根本，就解決不了問題；不看清事物的本質，就得不到真相；一個扣錯了第一顆釦子的人，就扣不完所有的釦子。	160

編號	書　名	內　　　容	定價
011	為什麼事情總是一團糟	套句何醫師的話：「用爛泥蓋房子，到頭來還是一堆爛泥。」是的，方法錯了，你越努力結果就只會越糟而已。	180
012	忘了總比記得好	假如你把過去緊抓不放，你當然會一再去經歷它，你的未來不會是別的，一定是累積了許多灰塵的過去，它注定是這樣的，這些塵埃不但會遮蓋你生命的光彩，也將阻礙你看見未來。	180
013	幸與不幸都是福	說幸福是好的，是有福的，這點大家都可以理解，但是說不幸也是福，這就奇怪了，不幸怎麼會是福呢？沒錯，不幸也是福，而且它還是比幸福更大的祝福，只是不幸的人總是「身在福中不知福」。	185
014	別讓每陣風吹著走	做自己的主人，不要盲目地跟隨潮流，被牽著鼻子走。一個有個人風格的人，才是真正具有品味的人。別讓每陣風吹著你走。	185
015	愛，錯在哪裡？	愛一再出錯，錯在哪裡？錯在人們一直沒有搞懂，愛是給，而不是得；愛不是出於需求，而是分享；不是出於匱乏，而是出於豐富。	199
016	所以你也要發正念	文字是紙上的語言，思想是無聲的語言，語言則是有聲的思想。這即是為什麼作者一再強調大家要多說好話、要有好的念頭。特別是念頭要良善、要正面，我們將遇到什麼樣的人或是什麼樣的事都在一念之間。	200
017	當下，把心放下	把心放下吧！當你人在那裡就別再掛著這裡，否則你怎麼可能真正的放鬆心情呢？快樂是來自心裡，你到了哪裡就該把心全然地投入那裡，這樣才可能快樂，不是嗎？	240
018	心田甘露	本書更透過一則則的寓言故事，提供了如何在工作、家庭、人際關係、自我成長等方面，尋求安心所在的方法，讓人有跡可循地回歸最初的清靈本心。	240
019	都是你的錯	這是你的選擇，不要去怪別人，無論你出了什麼問題，你只能怪自己。是的，錯的永遠是你。	240
020	大而化之	44個觀點，教你大事化小，小事化無。生活中，造成情緒失控的原因，大多不是什麼天大的事，而是微不足道的芝麻小事。然而就像小小的吸血蝙蝠能把偌大的野馬置於死地一樣，問題在於你是否能大而化之。	240

編號	書　名	內　　容	定價
021	幸福，早知道就好	表面上，你是在追求幸福，但其實是在尋找不幸。追求幸福最大的障礙，即是期望過大的幸福。遺憾的是，這道理人往往要到失去或太遲了，才懂！為什麼不現在就知道？	240
022	貼心	貼心，是一種心靈的靠近，一種真情的流露，一種溫柔的關懷，一種無私的包容。	240
023	微笑，生命的活泉	微笑的表情，可以感受生活中每一刻的豐足與喜悅；樂觀的心情，足以抵擋生命中每一次的挫折與打擊。打開書，展笑顏，你將趕走陰霾，為自己尋得生命的活泉。	220
024	心寬，寬心	萬物的本質都是善的，如果我們把慈悲和愛心放在良善的特質上，整個生命將立即改變，一旦你不再劃分，所有的對立消失，所有的衝突消失，那就是和諧的藝術。	240
025	豁然開朗	快樂不在於擁有什麼或達成什麼，快樂已經在那裡，你並不缺少什麼，只要換個想法，換個選擇，一切快樂就顯現給你。	220
026	四捨五入	空，是無，也是有。放下其實是另一種擁有。「四捨五入」是割捨的哲學，也是喜樂的哲學，寫給所有「放不下和捨不得」的朋友們。	240
027	懶，不費力的智慧	懶得去爭。懶得去想。懶得生氣。懶得抱怨。懶得記仇。懶得追求。懶得計較……你看，「懶」包含了多少美德和處事的智慧。懶有什麼不好？	199
028	命運發牌，機會出牌	你覺得自己命不好、運不佳，或是正陷入厄運當中嗎？相信我，那不是什麼厄運，而是你要轉運了。	240
029	一笑天下無難事	試試我給你的這個祕訣：先快樂，然後看看會發生什麼。不要再等待快樂的事發生，不要再期待所有的問題都解決了，你已經等得夠久了。快展露微笑吧！	220
030	開心，放開心	所有的結都是你自己綁上的。即使心有千千結，但是在心的深處，是沒有打結的。只要你願意放開你的心，突然，結就這麼解開了。	210
031	愛，不是你以為的那樣	你不是愛錯了，而是弄錯了；你們不是不合，而是最好的組合。那些因不合而分開的愛人都「誤解」了，愛，不是你以為的那樣。	190
032	你的幸福，我的祝福	人不是因幸福才被祝福，而是因為祝福所以幸福。你的幸福需要有人祝福，別忘了也將祝福給需要的人。	230

編號	書　名	內　　　　容	定價
033	微笑，當生命陷落時	人類的痛苦，不僅僅起因於不幸災難，更由於錯誤的認知導致。喜樂來自了解，你越了解，你就越容易離苦得樂。沒錯，一旦明白所有發生在我們身上的事。	220
034	今天的你，開心嗎？	這本書裡的每個篇章和故事都包含各種面對問題的態度，有了好的態度，解決問題自然容易得多。你可以參考書本後面「接下來，該怎麼做？」剩下來的就看你自己了。	230
035	幽默一笑過生活	這本書中舉了大量的幽默事例、笑話，讓我們知道再糟糕的人，也有好笑的一面；再嚴重的事，也有趣味的一面；笑料是無所不在的。	220
036	為什麼聰明人會做糊塗事？	要知道自己是在做夢，就必須先醒來；要知道什麼是錯的，就必須先知道什麼是對的；要知道自己糊塗，就必須先聰明……	220
037	喜悅，順流而行	當你不再對抗生命之流，遲早那些事情都會自己安定下來，你不需要去安頓它們，你只要安頓你自己。一旦你處於和諧之中，整個生命都會處於和諧之中，這就是喜悅之道。	220
038	我微笑，所以我快樂	快樂也要面對，痛苦也要面對，為什麼不樂觀去面對？哭也是一天，笑也是一天，為什麼不微笑去面對每一天？	230
039	愛，其實我們都看反了	如果你的愛為你帶來的是不滿、是怨懟、是憤恨、是一再重複負面的模式，那就表示你的愛並不是愛，是你把愛看反了。	220
040	其實，我們都陷在執著的觀念上	我們總期待人生能順心如意，結果卻往往事與願違，為什麼？因為如果我們凡事都想順心，又怎麼可能事事如意？其實，我們都陷在執著的觀念上。	220
041	不是路已走到盡頭，而是該轉彎了	你可曾注意過關在屋子裡的蒼蠅？它會去找尋光亮，一次又一次撞擊玻璃窗。你是否也看過有人這麼做呢？他們陷在問題裡，不斷掙扎，其實，那不是無路可走，而是該轉彎了。	220
042	這輩子，至少覺悟這一次	大多數人都像一群跑道上的跑者，卻不知道自己要跑到哪裡？要跑去做什麼？這些年你都在忙些什麼？是否也該靜下來想想：你要跑到哪裡？你要跑去做什麼？	220
043	其實你有改變的力量 （原書名：心念的種籽）	每個人的心裡都有一種力量，完全由你操控，別人無法奪走，只要學會運用，你的世界就能隨之改變。	220

GOBOOKS
& SITAK
GROUP ©